一家団欒と
家庭の教育力

聞き書き調査にみる戦前・戦後の変容

佐野 茂
Shigeru Sano

関西学院大学出版会

一家団欒と家庭の教育力

聞き書き調査にみる戦前・戦後の変容

はしがき

　「一家団欒」をテーマに家庭の教育力を考察しようとして20年にもなる。きっかけはきわめて単純で、人間形成において何が大切かという問いだった。経験的に一家団欒というものが人間形成上大切であるとは思っていたが、このような日常的な現象をテーマにしていいものかという後ろめたさが絶えずどこかにあった。当然このようなテーマを中心とした先行研究はほとんどみあたらない。だいたいは、「親子関係」「家庭の雰囲気」という課題の中で少しく取り上げられている程度である。当然といえば当然で一家団欒はこの両者の中に内包されているからである。断片的には一家団欒の重要性は説かれているが、実態としてあいまいなところが多いし、一家団欒が大切なことは、あたりまえのものとして認知されているから、あらためて取り扱うことでもないかもしれない。したがって、このようなテーマが研究に値するかは別にして、研究として何とか体裁がとれるように心がけてまとめてみた。

　また、このテーマにとりかかった時は、P.アリエスの心性史研究が話題に上った時でもあったので、史的な発想も加わった。要は昔の一家団欒はどのようなものだろうという単純な発想である。ただ、一家団欒は家族の息遣い、感情、意識の集合体である「心性」に他ならないし、年長者からの聞き書きデータ自体が資料的価値をもつものと考えた。そして、一家団欒を史的に長く概観すれば、今日の家庭の教育力の課題が明らかになるとも考えたからである。

　報告の途中から節句等の年中行事を通じて地域の関わりを扱っているが、正直この発想は調査当初は全くなかった。年長者から聞き書きを続ける中で、家族水入らずの一家団欒はもちろんあったが、地域絡みの中での家庭の団欒という報告を数多く受けたからである。それは、家庭（身内）と地域住民が交じり合った中での地域住民との一家団欒で、このような実態が戦前の地方の一般的なものではないかということを意識し始めた。私自体はどちらかといえば被雇用層の都市部の家庭に育ったものであるから、地方のコミュニティ色が強く残った生活を知らない分、家庭と地域は元来不可分な存在という発想が極めて欠けていたということである。もちろん現代では「家庭（家族・身内）」の教

育と「地域住民（他者）」からの教育は分けて考えないと機能しないところはあるが、このような実態を知るにつけ、今日の地域と家庭の教育力の充実のためには地域と家庭を繋ぐ「何か」を見つけるという発想が大切なことになるのであろう。

　方法論上の問題は多く含まれている。まず面接調査の対象者数のことであるが、きわめて希少になってしまったことは如何ともしがたいところである。庶民という縛りや、加齢による記憶や聴力の衰え等、二、三人の方と面接する中で御一人から話が伺えればよい方で、情報提供者の選定方法や（ご本人にお会いしてみないと条件に合致する対象者かどうか分からない）、年長者を対象とすることの難しさを強く実感した。また調査当初（漁労民・農民層の調査）は面接法に加え、欲張って簡単な自記式質問紙法も実施しようとしたが、これには70歳を超えた多くの年長者が難色を示され（質問の意味を読み解くことが、大儀で理解できないといった反応を示された）、後日回収の質問紙法は断念したことも付記しておく。

　調査を始めた約20年前あたりでは、大半の年長者も好意的に調査を受けてくださったが、その後年々厳しくなり、近年においては数的確保は至難の業になってしまった。当時のエピソードとして、調査開始前後に社会問題にもなったお年寄りを中心とした訪問販売詐欺事件があり、地域の信頼ある方の紹介をもって訪問しても、暫くの間は警戒心が先にあってなかなか聞き書きができなかった状況もあった。それでも多くの方は面接が進むにつれ、よそ者の私を受け入れてくださり、貴重な私的な心持ちも含めた情報、エピソードを提供してくださった。今日、当時のような面接が再び実施できるかといえば、個人情報保護法の規制や地域のキーパーソンと情報提供者の関係の希薄化等から相当困難なことが予想できる。その意味で、数は多くないが、明治期後半から昭和初期あたりまでの年長者からの話を記録として留められたことは本当に良かったと思っている。

　あと、調査地域が西日本に偏ったことも問題としてとりあげておく。私は勤務地や生まれが関西であったので、このような単独調査研究は西日本に限定せざるを得なかった。予算的なこともあったが言葉の問題を危惧したところもある。現在の若い人であれば、どのような地方にいってもある程度の標準語を使

いまわすこともできるが、幼少期からずっと地方に住まいする年長者にとってそれは大変難しい。私的な親子関係を聴くことが作業の中心でもあるので、その場の（同時進行的な）言葉のやりとりが全てである。そのあたりの心配もあり、日常会話として馴染みのある西日本に調査地域が偏ってしまったところもある。今回は調査地域の偏りという問題も含みつつ、西日本地域に限定したので何とか年長者のお話も理解できたが、地方言語がどの程度正確に理解できるかも重要な方法論上の問題になる。いずれにせよ、このような個人単独の調査研究は調査人数や調査地域の選定にその限界と問題を認識しつつ、多くの研究者が同内容の調査を実施し、それを積み上げていくことが肝要であると考えている。その意味で本調査自体不十分なところが多々あるが、課題を達成するための小さな1コマになればと思う。

　現在、様々な子ども達の人間形成上の問題が顕在化しているが、家庭教育という領域でその原因と役割を考えてみると、やはり心的な安定の場として家庭が機能しているかどうかということになろう。このことは筆者のスクールカウンセラーや学生相談室での親子関係の臨床経験からも強く感じる。例えば不登校のケースをとってみても学校や本人のストレス耐性といったことよりも何か家庭での安心感の欠落が関係しているように思える。また、ここでの機能不全は子どもだけの問題ではなく成人自身の精神健康にも極めて深刻な影を落としている。もし、子ども時代には親の下で一家団欒を経験し、家族を持てば一家団欒を創造し、子どもが巣立てば一年の数日でも三世代での一家団欒に座すことができれば、人としてどれだけ幸福であろうか。この時代においてはなかなか難しいことかと思うが、このことが家庭の教育力の世代伝播になるし、これに加えて地域の隣人を交えての団欒を無理なく営むことができれば、さらに強固な家庭の教育力が回復することになると考える。

　最後にこの聞き書き調査に御協力いただきました多くの明治、大正、昭和初期生まれの方々に心よりお礼申し上げます。年長者の日常の生活からのエピソードの中に、家庭の教育力を考える大きなヒントがあることを信じてやみません。

　本論の一部調査につきましては大阪商業大学平成18年度研究奨励費を用いた研究であることも付記させていただきます。

また出版事情の厳しい中、本書の出版にあたり様々な労をおとりいただきました関西学院大学出版会の田中直哉氏に心からお礼申しあげます。同出版会の松下道子氏からは編集上の適切なご教示をいただきましたことも深く感謝しております。

目　次

はしがき　3

第1章　戦前の一家団欒からみた家庭の教育力の考証の意義　11

　　　(1)　戦前の家庭の教育力の史的考証の意義　11
　　　(2)　「一家団欒」という家族の親和的集合を通じての史的考証の意義　13
　　　(3)　研究の位置づけ　15

第2章　一家団欒の概念及びそれの持つ人間形成機能　19

　　第1節　本論で考える「一家団欒」の概念
　　　(1)　辞書的な意味　19
　　　(2)　子どもの持つ一家団欒のイメージ及び規定要因　21
　　　(3)　本論で考える一家団欒の規定要因　35

　　第2節　一家団欒の人間形成機能
　　　(1)　意識調査からの一家団欒の人間形成機能　35
　　　(2)　CCPテストにみる一家団欒と人間形成機能　37
　　　(3)　家庭の持つ人間形成機能と一家団欒　40

第3章　文献にみる明治期の家庭生活・親子関係・一家団欒　43

　　第1節　明治期以前の親子関係、一家団欒の可能性
　　　(1)　明治期以前の親子関係の史的考証の方法論　43

    (2) 和歌、日記、歌謡、川柳、狂歌にみられる親子像　45
    (3) 文芸作品、説話集から一家団欒をイメージする　49

第2節　外国人の見た明治初期、中期の家庭生活・親子関係・一家団欒
    (1) 「一家団欒」に関連する記述、表現の選定　55
    (2) 著者・著述の選定　56
    (3) 一家団欒に関係する記述、表現の抽出　58
    (4) 外国人の見た明治初期、中期の家庭生活・親子関係・一家団欒　65

第3節　明治期の家庭生活・親子関係・一家団欒
    (1) 子どもがおかれた状況　68
    (2) 明治期の一家団欒の実態、可能性　73
    (3) 明治期の一家団欒の変容　76

第4章　聞き書き調査にみる明治期後半から大正、昭和初期の庶民家庭の家庭生活・親子関係・一家団欒と家庭の教育力　79

第1節　漁労民を対象とした明治期後半、大正、昭和初期の庶民家庭の家庭生活・親子関係・一家団欒と家庭の教育力
    (1) 年長者からの聞き書き調査の主たる方法　80
    (2) 面接結果：漁労民の家庭生活・親子関係・一家団欒・地域との関連・しつけ　82
    (3) 一家団欒の実情と家庭生活の中での「しつけ」　93

第2節　農民を対象とした明治期後半、大正、昭和初期の庶民家庭の家庭生活・親子関係・一家団欒と家庭の教育力
    (1) 調査方法　96
    (2) 面接の結果（聞き書きの内容）　98
    (3) 考察：漁労民との比較において　103

第3節　年中行事・三月節句の中での一家団欒と地域との関わり
 (1)　庶民家庭の三月節句における一家団欒と人間形成　105
 (2)　面接調査の方法　106
 (3)　面接調査の結果　108
 (4)　考察：三月節句の中の一家団欒と地域との関係　110

第4節　正月行事に見る地域住民との一家団欒とその人間形成
 (1)　課題：正月行事の中の一家団欒と地域との関わりのプロセス　114
 (2)　面接調査の方法　116
 (3)　結果：大揚子上げのプロセスと地域住民の関心　118
 (4)　考察：大揚子作りの中での一家団欒と地域住民との関わり　124

第5章　戦時下における家庭生活・親子関係・一家団欒　127

 (1)　課題：戦時下の家庭生活から考える親子関係・一家団欒・家庭の教育力　127
 (2)　調査の方法　127
 (3)　調査結果：戦時下の一家団欒　128
 (4)　考察：戦争と一家団欒　133

第6章　戦前の家庭の教育力との比較に見る戦後の家庭の教育力　135

第1節　戦後における地域と家庭生活の変容（地域と家庭の連携に焦点をあてて）
 (1)　生活形態の変容　136
 (2)　子どもの遊びの変容（地域との関わりの中で）　141
 (3)　近年の一家団欒について　144
 (4)　戦後における地域と家庭の連携　144

(5)　地域と家庭の連携の今後の課題　149

第2節　戦前との比較にみる家庭の教育力の今日的課題
　　　(1)　戦前と戦後の家庭・地域・一家団欒の比較
　　　　　：家族水入らずの一家団欒の充実と地域からの離脱　150
　　　(2)　今後の家庭の教育力の充実についての一私見　152

第 1 章
戦前の一家団欒からみた家庭の教育力の考証の意義

　本章では戦前から戦後の一家団欒を通じて家庭の教育力の変容に関する史的考証の意義を述べる。
　またこの場合、一家団欒という家族の親和的な集合を通して考察するが、一家団欒という日常的な家庭の営みに焦点をあてる理由についても述べたい。またこの課題を取り扱うにあたっての研究の位置づけを明確にする。
　なお、本論での「家庭の教育力」とは学校や地域ではない、家庭（世帯）でおりなされる様々な意図的、無意図的な子どもへの人間形成機能と規定する。したがって、意図的な「しつけ」等や目には見えない無意図的な家庭の雰囲気等も含んだものとして考える。

▼

（1）　戦前の家庭の教育力の史的考証の意義

　E. モースをはじめとして[1]、オールコック. R[2]、C. ムンチンガー[3]等多くの外国人が明治期の日本社会の親子関係を見て、「日本は子どもにとって天国だ」と称したのはあまりにも有名だが、この一文は私にとって家庭の教育力の史的研究に興味を持つ大きな契機となるものであった。もともとは現代家庭の教育力に関心を持っていたが、80年代後半から家庭の教育力の再考が叫ばれていた時でもあったので「子どもにとって天国」と称される親子関係の史的考証は現代家庭の教育力の再考の方途として、寄与するものがあるのではないかという漠然としたものであるが強い印象をもった。当時の親子関係に加え、地域[4]・隣人との関係性や家庭生活の実態、慈愛に充ちた子どもへの関わりを生み出す親の子ども観等を考証することは、現代的課題の解決にも大いに資するところがあるのではないだろうか。
　ただ一方で、これら外国人の一文を単純に信じていいものかという疑問もあった。当時の欧米社会との比較論での話ではあるが、当時の子ども達が置か

れた日本の医療、福祉、経済、教育といった社会体制や環境を想起すれば「天国」と称するにはどうしても無理があるように思えた。

　しかし、少なくない外国人が記した「親子関係」や「家庭の教育」に関する賞賛記事を見るにつけ、親子関係の質的要因だけを抽出すれば、そこは慈愛に満ちた、子どもへの強い想いのある社会だったのではないかと考える。有地亨が『日本の親子二百年』で近世の子ども観について田嶋一の考えを紹介しているが[5]、それは近世においても間引き、堕胎が広く行われていたが、間引かれずに生き残った子については大切に育てる、という子ども観である。このような近世からの子ども観が明治期にはいっても続いていたのであれば、外国人の印象も納得のいくものになる。明治期に来日した外国人も、そのような子ども観を持つ日本人の親に心を惹かれたのではないだろうか。例えば現代日本人が経済、福祉、教育環境においてその発展途上にある外国に出かけ、日本社会では見られなくなった子どもの活き活きとした笑顔や、親子関係を見た時、たとえ社会環境は劣悪でも明治期の外国人と同じような印象を持ち、記録に留めようとするのではないだろうか。

　もちろん、現代の親子関係も子どものために豊かな食卓、ハレ日での豪華な贈り物、定期的な家族旅行、塾・稽古事への教育投資等、様々な形で子どもへの愛情を具現している。子どもを取り巻く環境は百年前の子どもに比べれば夢のような環境であることに疑う余地はない。今さら戦前の家庭生活に身を置きたい、戻りたいと考える人は皆無に近いであろう。

　とは言え、近年の親子間の悲惨な事件や、子ども達の普段の生活を観察していると、昭和40年前後の高度成長期以前に出生した人々にとっては、当時は貧しかったが優しさと厳しさが程良く織り交ぜられた親子関係や、地域の教育力が残されていたという印象を持っている人が多いのではないかと考える[6]。そして、その昭和40年頃までの親子関係や家庭生活、家庭の教育力はまさしく、戦前から引き継がれていたもので、明治初期とはいわないまでも、明治期後半ぐらいから連綿と引き継がれた良きエッセンスが残っていたのではないだろうか（終戦前後の数年は除く[7]）。

　このような問題意識から、明治期から戦前までの日常的な家庭生活や親子関係等を含んだ家庭の教育力の史的考証は現代（高度成長期以降）の家庭教育を

再考する上で有益な作業になるのではと考える。もちろん家庭の教育力の中心となる親子関係の実相を量ることが、極めて困難であることは今更述べるまでもない。有地亨が述べるように、親子というものは家庭内の深層にある人間関係であり、気持や感情の交流が中心であって、外形的行為としては出てこない面であり、その実態を明らかにするのは多くの困難を伴うということである[8]。つまり、親子関係の本質は両者の内面的交流であり、それを定量的にも定性的にも把握するのは極めて困難であり、加えて過去の心性をあつかう場合はさらなる難しさも加わる。

しかし以上のような方法論上の難しさも含みつつ、戦前の庶民の家庭生活、親子関係の実態についての史的考証は、現代の家庭の教育力の再考に大いに資するところがあると考える。

なお本論で考える「戦前」は太平洋戦争が始まる昭和16年以前から聞き書き調査が可能であった明治期後半を指すものとする。また「戦後」は終戦後から現代までも含んだ意味として用いている。

(2) 「一家団欒」という家族の親和的集合を通じての史的考証の意義

前述したような課題の方法として、当時の家庭生活全般が記述された文献収集がまず必要になる。

しかし、上層階層の一部の伝記的な家庭生活記録は相当数散見するが、絶対的大多数である庶民階層の日常的親子関係、しつけの様子等に焦点をあてたものはきわめて少ない。日本青少年教育研究所編『児童生活の実態』、藤本浩之輔著『聞き書き明治の子ども遊びと暮らし』、有地亨の『日本の親子二百年』、宮本常一著作集、各市町村で編纂された市町村誌等は本論の目的に合致する一次的資料を提示してくれるものだが、日常的な親子関係やしつけの様子等に焦点をあてた、質的記録は多くない。その意味でまず史的考証に寄与する当時の「親子関係」を中心とした実証的調査の重要性を痛感した。また、この課題の研究当初は年代的にいって、明治期後半生まれで記憶の確かな年長者が在命されており、その方々から当時の様子を聞き書きすることは可能だと考えたからである。前述した藤本氏の著作等を参照にして、きわめて単純な方法だが当時

14　第1章　戦前の一家団欒からみた家庭の教育力の考証の意義

図 1-2-1　昭和 27 年頃の一家団欒
南博編『近代庶民生活史 6 巻』三一書房、口絵より

の家庭生活全般の中での親子関係や教育的な場面を考証できる最後の時期でもあると考えた。年長者が語る一言一句そのものが貴重な一次的資料に値するものになるのではないだろうか。

　ただこの場合、当時の家庭の教育力に関係する全ての生活場面の考証は現実的に難しい。家庭生活の一部に焦点をあてて、そこから当時の家庭の教育力を推察することが、現実的な方法と考えた。

　そこで本論では家族の親和的な集合場面の象徴として「一家団欒」という生活場面をとりあげ、この「一家団欒」の情景や場面を軸として、当時の親子関係や教育の様子を考証する方法を採った。日常用語である「一家団欒」をどのように概念規定するかは後述するが、端的に言って家族の和楽、親和的集合と考えたい。

　この家族の親和的情景に注目した理由は、筆者が現代の家庭の教育力を考察する中で、「一家団欒」の持つ教育的意義について論究していたという経緯もあるが、外国人が明治時代の日本の親子関係、子どもの様子を眺め称賛した理由の一つは、日本人の親子が親和的に集い、語らい、笑っている情景に数多く接し、その雰囲気の中に親子関係の理想形を感じたからではないかとも考えた

からである。そして、それらの情景を一言で括るなら、「一家団欒」と呼ばれる語がもっとも近いと考えた。くわえて、この日常的な生活場面を考証していけば、現代の家庭の教育力との違いが見えてくると仮説した。

　P.アリエスが近代家族は子どもと子どもの将来のために組織され、また子どもは内にとじこもった生活、水入らずの家族団らん、「家（メゾン）」を意味すると指摘したように[9]まさしく「一家団欒」は親の心が子どもに向かう情景である。

　以上のような理由から、「一家団欒」と呼ばれる家族の親和的集合場面を、当時の家庭生活全般の中でどのように営まれていたかを聞き書き調査することは、一次的資料の蓄積にもなり、当時の親子関係やしつけ、家庭の教育力を実証する方法になると考えた。

(3)　研究の位置づけ

　本研究の学問的位置づけについては、この課題をすすめる上で、その基本となった先行研究をあげることにより明確にしたい。まず、中谷君恵氏の『子育ての歴史』、有地亨氏の『日本の親子二百年』、そして宮本常一氏の民俗学、生活史の著作集であった。宮本常一氏は貧農の家の日常茶飯事、物言わぬ農民、民話を生む人々についての著作が極めて希少であることを指摘し[10]、その生涯を庶民や地域の生活史の発掘に捧げた。それは過去の先達が成し得なかった、民衆の生活の中の息遣い、心持ちを書き留めた膨大な記録である。このような生活史研究の中に、当然、日常生活の一情景である「一家団欒」の考証は含まれている。また単に形式的様態を聞くのではなく、そこに関わる家族の心持ちを聞き書きしていくことは宮本氏の業績にならうところである。

　そして中谷氏の著書は若い母親の子育ての手引書として書かれたものであるが、この著書の基底にあるものは、子育てや、子をおもう大人の歴史的な変遷に迫ったもので、とりわけ親子間の心性の史的連続性に関心がもたれたものである。明治から昭和にかけての子どもの生活実態の「明」と「暗」や、明治期の外国人が「子どもにとって日本は天国」と評したことに対する考察についても論究している。多くの古典作品や詩歌を分析し、親子関係の歴史的変遷を通じて今日の子育ての現状を問うた研究である。また、有地氏の『日本の親子

二百年』も、近世からの様々な親子関係関連資料を丹念に拾い上げ、そこから現代の家庭問題を考察しようとするもので、これらは本研究が目指すべき筋道を示す貴重な研究である。また片岡徳雄氏の『日本人の親子像――古典大衆芸能を中心に』や石川謙の『我が国おける児童観の発達』からも方法論上の示唆を強く受けた。近年においては、須藤功氏の『写真ものがたり・昭和の暮らし』は民俗学の観点から極めて重要な実証的資料を提示されている。視覚的了解という多くの写真を使っての当時の考証は極めて説得力があり、加えて当時の臭い、息遣いまでも感じることができた。民俗学からのアプローチであるが教育学研究に多大なヒントを与えるものである。

　上記の研究は史的考証を通じて現代家庭の教育問題にせまろうとするものだが、方法論の端緒はP.アリエスや、E.ショーターの延長にあり、母性愛や親子関係の歴史が扱われているという点で心性史や教育の社会史に含まれるものといってよい[11]。また一家団欒という日常的な親子関係の中で営まれる生活史は、中内氏の「社会史は、教育の歴史を各地域、各家族・近隣、各学校・学級の日常史の次元でとらえていくことを可能にする」という考えに倣えば[12]、まさしく「社会史」の範疇に属し、その一家団欒を家庭の「教育力」として扱うという意味で「教育の社会史」での研究領域になると考える。そして、歴史的方法は用いるが、あくまでも現代の家庭の持つ教育力を考察するという政策志向的なところを目指すという意味で教育社会学の一研究にも位置するものとして考えている。藤田英典氏が教育社会学における社会史的研究のための覚え書きで述べているように、「教育社会学は現在の教育と社会を社会学的に考察する学問である、という限定的に定義する必要はない」と提言している通りで[13]、史的考証自体も教育社会学から逸脱するものではないと考える。

注

(1) E. S. モース著、石川欣一訳『日本その日その日』平凡社、昭和45年、第2巻、18-19頁。
(2) R. オールコック著、山口光朔訳『大君の都』岩波文庫、1962年、152頁。
(3) C. ムンチンガー著、生熊文訳『ドイツ宣教師の見た明治社会』新人物往来社、昭和62年、123頁。
(4) 本報告での「地域」の概念は地域性と共同性を有した「コミュニティ」というよりも地勢的、空間的、場所的な意味で原則用いている。
(5) 有地亨『日本の親子二百年』新潮社、昭和61年、19頁。
(6) 後掲の第6章(4)、表6-1-15で提示された年長者からのエピソード結果などを参照。
(7) 終戦前後の数年間は例外とする。1956年の「もはや戦後ではない」という発言や、第5章での「戦時下の一家団欒」の調査結果からも昭和16年くらいから戦後10年は、それ以降の高度成長期とも異なる特別な家庭生活、環境があった年代であると考える。
(8) 有地亨、前掲書、5頁。
(9) P. アリエス著、中内敏夫・森田伸子訳『〈教育〉の誕生』新評論、1983年、95頁。
(10) 宮本常一『忘れられた日本人』岩波文庫、1984年、209頁。
(11) 中内敏夫『新しい教育史』新評論、1987年、23頁参照。
(12) 中内敏夫、前掲書、99頁。
(13) 藤田英典氏の日本教育社会学会第40回大会、シンポジウム「教育社会学のニュー・フロンティア」での大会資料『教育社会学における社会史的研究のための覚書』より引用。また藤田英典氏は社会学の定義を、デュルケムから引用し、「人間関係のあり様、その構造化・制度化の過程と様態について考察する科学であり、関係構造とその変容を考察する科学」とし、扱う現象が過去のものであっても以上の内容に含まれるものであれば社会学の範疇にあるとする。したがって本論で扱う一家団欒は過去の現象が中心になるが、考察課題はそこでの人間関係の有り様であるので、教育の社会史でもあり、教育の社会学で扱う範中にもあると考える。

参考文献

石川謙『我が国における児童観の発達』振鈴社、昭和24年。
石毛直道『食事の文明論』中公新書640、1989年。
片岡徳雄『日本人の親子像――古典大衆芸能を中心に』東洋館出版社、1989年。
片岡徳雄編『文芸の教育社会学』福村出版、1994年。
神田平介『家風創造の課題』法律文化社、1983年。
斉藤ミチ子「いつくしみと憎しみ」『心意伝承』日本民俗研究大系第8巻、昭和63年、147-163頁。

住田正樹『地域社会と教育』九州大学出版会、2001年。
須藤功『写真ものがたり。昭和の暮らし　1巻〜10巻』農山漁村文化協会、2008年。
田嶋一「民衆の子育ての習俗とその思想」『子どもの発達と教育』岩波講座2、岩波書店、1979年。
中内敏夫『新しい教育史』新評論、1987年。
日本青少年教育研究所編『児童生活の実態』朝倉書店、昭和18年。
中谷君恵『子育ての歴史』三一書房、1986年。
深谷昌志『昭和の子ども生活史』黎明書房、2007年。
藤本浩之輔『聞き書き明治の子ども遊びと暮らし』本邦書籍、昭和61年。
宮沢康人編、森田伸子・森田尚人・鳥光美緒子・北村三子著『社会史の中の子ども』新曜社、1988年。
森田伸子『子どもの時代』新曜社、昭和61年。
矢野峻・岩永久次編『現代社会における地域と教育』東洋館出版社、昭和56年。
山下俊郎『家庭教育』光生館、昭和58年。
横山浩司『子育ての社会史』勁草書房、1987年。
E. ショーター著、田中俊宏他訳『近代家族の形成』昭和堂、1987年。
E. バダンテール著、鈴木晶訳『母性という神話』筑摩書房、1991年。

第2章
一家団欒の概念及びそれの持つ人間形成機能[1]

　本章では日常的な用語として使われている「一家団欒」という用語について、辞書的な意味や子ども達が描くイメージから本論で考える一家団欒について概念規定する。またこの営みのもつ人間形成上の役割について家庭の教育力という視点からも明確にする。

▼

第1節　本論で考える「一家団欒」の概念

　前述したように、「一家団欒」という用語は学術的な専門用語ではなく、きわめて日常的な一般用語である。日常用語としての意味は家族の和楽、親和的な集合で問題はないが、どの程度の和楽や親和性なのか、また家族で「一家団欒がある」といった場合、どの程度の頻度において「一家団欒」があるといえるのか等、語法としてあいまいなところがある。そこで本論で考える一家団欒の概念を規定する必要があるので、あらためてこの用語の持つ意味を考えたい。

(1)　辞書的な意味

　団欒という術語は、一般的に「集まって車座にすわること」「親しいものが集まってむつみあうこと」と解され、大槻文彦の「大言海」においては「円座に相集りて娯むこと」あるいは「親しきものの円居」とされている。そして英語においては"a happy home circle"あるいは"a fireside circle"という語が使用されているが、どちらかといえば抽象的な概念でありその用法は多義的である。そこで今一度この言葉の概念を漢字の定義及び教育に関する一般的な用例から考察をすすめたい。

そこでまず「団」と「欒」というそれぞれの漢字の成り立ちであるが「団」の旧字である「團」は「まるめる」という意を示す原字「專」と、くにがまえ「囗」とで構成されている。くにがまえ「囗」は、まわりをとりまいた線により、かこむ、めぐらすなどの意味を表す。つまり「團」は囲み、まるめること、ひいては「かたまり」を意味する。そして「欒」は人が集って平和な様を意味している。つまり「團欒」という意味を漢字の成り立ちから解釈すると、「ある囲みこまれた集団、かたまりが集まり、平和な状況を呈している」と理解できるだろう。よって「一家団欒」という場合、ある囲まれた状況は「家屋」を、そして集団は「家族構成員」を想起できる。そして平和な状況とは「各員それぞれがむつみあっている状態」を意味するものと解釈できるのではないか。

次に教育的著述の用例から考察してみる。例えば長田新はペスタロッチの『隠者の夕暮れ』の一節において「足ることを知らない人は家族的浄福の団欒の中にあっても……」というように"Kreise"という独語に団欒という語を使用している[2]。ここでの「団欒」は文脈上、家族構成員が安らぎのある静かな悦楽の雰囲気の中に集い、座す情景と解釈できる。その他、教育関連の用例では「家族が楽しい時を過ごす」、「家族がそろってくつろぐ」という意味として用いられていることが多い。また一家団欒が「共食」、「食後の時間」との関連で述べられていることが多く、前述したペスタロッチの「居間による教育」の実践がまさしく一家団欒の実践と考えられるのではないか。

また、堺枯川（利彦）は明治35年に『家庭の新風味』を新中間層に向けて公刊している[3]。その内容の中に『家庭の和楽、第5冊』があり、その一節に「一家団欒の趣」という項がある。そこでは、一家団欒を「最も多く食卓の上に現れ、一家の者が一つの食卓を囲んで相並び相向かって、笑い、語り、食い、飲む、是が若し無いならば、家庭の和楽の半分は減じてしまう」と説いている。堺の「家庭の和楽」とは「夫婦、親子、兄弟の間の、真の親愛の情が、色に、形に、現れた所を云い、親愛の情とは、春の日の暖かさで、和楽とは春の日の光と微風とである」と形容している。つまり、一家団欒は親愛の情を基本にしたもので、それを基に具現される和楽の情景ということである。いずれにせよ辞義・字義的には一家団欒とは家族が揃い、楽しい、心落ちつく、くつろいだ集いと考えられる。

(2) 子どもの持つ一家団欒のイメージ及び規定要因[4]

辞書的な概念は前述したとおりであるが、実際に子ども達がどのようなイメージをもっているのだろうか。そこで、中学生、高校生、大学生を対象とし、「一家団欒」の持つ内包的、情緒的意味を考察するためにSD法タイプの質問紙調査や、文章完成法的テストからそのイメージを考察する。

① 一家団欒の内包的、情緒的イメージ

表2-1-1は家族や家庭のイメージと関連あると思われる形容詞対を家族研究雑誌や論集、報告書などから23項目を任意に選びだし、一家団欒の内包的、情緒的イメージを評定したものである。

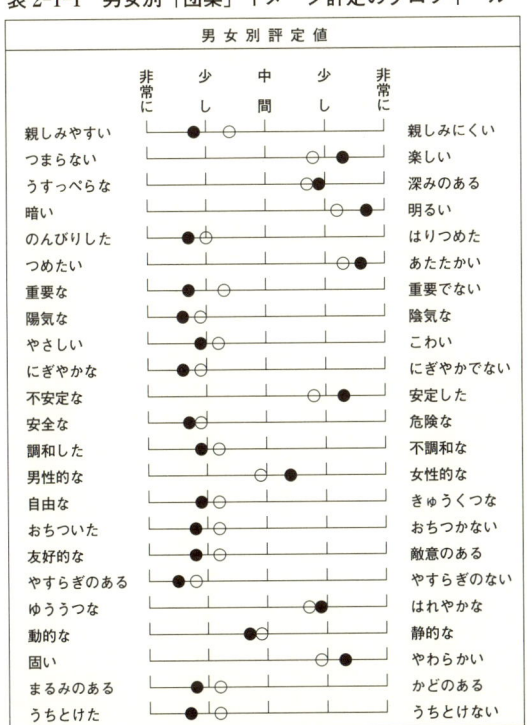

表 2-1-1 男女別「団欒」イメージ評定のプロフィール

男女別評定値		
親しみやすい		親しみにくい
つまらない		楽しい
うすっぺらな		深みのある
暗い		明るい
のんびりした		はりつめた
つめたい		あたたかい
重要な		重要でない
陽気な		陰気な
やさしい		こわい
にぎやかな		にぎやかでない
不安定な		安定した
安全な		危険な
調和した		不調和な
男性的な		女性的な
自由な		きゅうくつな
おちついた		おちつかない
友好的な		敵意のある
やすらぎのある		やすらぎのない
ゆううつな		はれやかな
動的な		静的な
固い		やわらかい
まるみのある		かどのある
うちとけた		うちとけない

○男性 ●女性

② 文章完成法タイプによる質問紙法での一家団欒のイメージ

表2-1-2から表2-1-7は文章完成法タイプの質問による一家団欒の内容を問うた結果である。

a. 『一家団欒とは家族の人が…』という設問に対する記述例

※以下、大学生、高校生、中学生の回答から任意に抜粋

表 2-1-2

- 一つの机を囲んで楽しくくつろぎ、家族のきずなを深める。
- 集まり、話をしたり、遊んだりすること。
- 集まり、楽しく（安らいで）話をすること。
- 楽しく、いろいろな話をしながらごはんを食べる。
- こたつにはいり、みかんを食べながら、テレビをみて一日の出来事を話す。
- 楽しい時をすごす場、心安らぐ場。
- 一日でもっともくつろげる、安心できるひととき。
- その日あったことを話す場。
- 自然な状態でいることができる場。
- けなしあわずに、なごやかな気持ちで、集まっている状態。
- 信頼しあうこと、何でも話しあえること、自由に話しあうこと。
- 家族を実感して何でも話せること、おたがいの存在を認めあうこと。
- サザエさんの家のようなことをすること。

b. 『私が「一家団欒」をもっとも実感する時は…』という設問に対する記述例

※以下、大学生、高校生、中学生の回答から任意に抜粋

表 2-1-3

- テレビを一緒に見たり話をしたりする時。
- 夕食（食事）を食べる時。
- こたつを（テーブル）を囲んでみんなで食事をする時。
- 父や母にやさしくしてもらったりする時。
- 日曜日などに家族とハイキングをしたりドライブをしたりする時。
- 家族の人と出かけたりする時（旅行）。
- 正月とおおみそかに長い時間、家族の人とテレビをみたりしている時。
- 夕食後みんなでいろいろな話をする時。
- 家族が健康で、楽しく話をする時。
- 親の存在を確認した時。
- 家族と話をしたり悩みを相談する時。

c. 頻度の高かった内容例※複数回答

表 2-1-4

	全体	男性	女性	大学	高校	中学	大男	大女	高男	高女	中男	中女
①会話に関わる内容	51.5	43.3	59.7	53.4	50.0	51.5	40.5	66.3	39.9	59.2	49.4	53.5
②集合（集う）する（共にすごす）	26.8	25.8	27.8	26.3	28.4	25.7	20.6	32.0	28.3	28.4	28.5	22.9
③食事の場面	15.6	11.9	19.4	21.5	13.4	12.0	17.5	25.4	9.4	17.4	8.7	15.3
④家族関係を強める内容	6.9	6.3	7.5	9.3	4.3	7.0	10.3	8.3	2.1	6.5	6.4	7.6
⑤テレビを見ている場面	3.0	2.7	3.3	5.5	2.6	1.0	4.8	6.1	2.1	3.0	1.2	0.7
⑥レクレーションに興ずる場面	2.9	1.7	4.0	2.9	3.3	4.4	0.0	5.0	1.4	0.0	3.5	0.0
⑦こたつに入っている場面	0.9	0.6	1.1	1.8	0.8	0.0	0.0	2.8	1.0	0.5	0.0	0.0
⑧家庭外での場面、行為	0.6	0.8	0.3	0.6	0.3	0.9	0.2	1.0	0.5	0.0	1.8	0.0

d. 頻度の高かった情緒的語彙例

表 2-1-5

	全体	男性	女性	大学	高校	中学	大男	大女	高男	高女	中男	中女
楽しい（く）	21.6	18.1	25.0	25.0	18.0	27.8	19.8	30.1	13.6	22.4	20.9	34.7
仲よく（親しい）	6.3	5.9	6.6	5.9	4.7	8.1	6.3	5.5	4.9	4.5	6.4	9.7
気をつかわない	3.4	2.9	3.8	6.1	2.6	1.4	5.6	6.6	3.1	2.0	0.0	2.8
くつろいだ（で）	3.2	3.2	3.1	5.7	2.6	1.3	6.3	5.0	2.1	3.0	1.2	1.4
安らいだ（で）	2.9	2.1	3.6	4.4	2.0	2.3	3.2	5.5	1.4	2.5	1.7	2.8
明るい（く）	2.0	1.8	2.1	1.3	1.4	2.8	0.8	2.2	1.0	2.0	3.5	2.1
のんびりした（て）	1.8	2.0	1.5	1.1	2.7	1.5	0.0	2.2	3.8	1.5	2.3	0.7
なごやかな（に）	1.7	1.2	2.1	4.5	0.4	0.7	4.0	5.0	0.3	0.5	0.6	0.7
うちとけあった	1.7	2.3	1.0	3.1	0.9	1.0	5.6	0.6	0.7	1.0	0.6	1.4
自由な（に）	1.2	1.2	1.1	0.7	0.5	2.3	0.9	0.6	1.0	0.0	1.7	2.8
笑って	1.1	0.6	1.5	1.9	0.9	0.4	1.6	2.2	0.3	1.5	0.0	0.7
おちついた（て）	0.9	0.0	1.7	1.7	0.8	0.4	0.0	3.3	0.0	1.5	0.0	0.7
にぎやかな（に）	0.6	0.5	0.7	0.3	1.0	0.7	0.0	0.5	1.0	1.0	0.6	0.7
あたたかい	0.6	0.0	1.2	0.6	0.5	0.7	0.0	1.1	0.0	1.0	0.0	1.4

e. 頻度の高かった記述パターン

表 2-1-6

記述パターン	全体(%)	具体的記述例
1 「会話に関する内容」	10.2	話あうこと。
2 「食事の場面」+「会話に関する内容」	8.8	会話をしたり食事をしたりすること。
3 「集合（集う）場面」+「会話に関する内容」	6.1	集い会話をすること。
4 「集合（集う）場面」	5.9	みんなが集まること。
5 「楽しい」+「会話に関する内容」	4.3	楽しく会話する。
6 「楽しい」+「集合（集う）場面」+「会話に関する場面」	3.9	集まって楽しく会話する。
7 「楽しい」	2.5	楽しいこと。
8 「仲よく（親しい）」	2.4	全員の仲が良いこと。
9 「楽しい」+「集合（集う）場面」	2.3	集まって楽しむこと。
10 「楽しい」+「食事の場面」+「会話に関する場面」	2.2	食事をしながら楽しく会話する。
11 「家族関係を強める内容」	2.1	家族の関係を深めること。
12 「食事の場面」	1.4	食事をすること。
13 「仲よく（親しい）」+「会話に関する場面」	1.1	仲よく話をする。
14 「集合する場面」+「会話に関する場面」+「レクレーションに興ずる場面」	0.9	集まって話をしたり、トランプをする。
15 「気をつかわない」	0.8	おたがいに気をつかわないこと。
16 「気をつかわない」+「会話に関する場面」	0.8	気をつかわず会話をすること。
17 「会話に関する場面」+「家族関係を強める内容」	0.8	話をしておたがいを知りあうこと。

f. 「一家団欒を最も実感する時は…」内容別相対度数

表 2-1-7

		全体	男性	女性	大学	高校	中学	大男	大女	高男	高女	中男	中女
1	「会話」「食事」「集合（集う）する」に関わる記述 (例) 家族全員が集まる時 テレビを一緒に見たり話をする時 夕食（食事）を食べる時 こたつを囲んでみんなでたのしく食事をする時	50.3	46.2	54.8	63.8	50.1	37.3	61.9	65.2	45.5	56.7	36.0	38.9
2	「家族との外出」に関する記述 (例) 家族とハイキングをする時 ドライブをしたりする時	2.1	1.4	2.3	1.3	1.6	3.5	0.8	1.7	1.4	2.0	1.7	5.6
3	「家族のふれあい、関係を深める等」に関する記述 (例) 父や母にやさしくしてもらったりする時 家族と悩みを相談する時 あたたかい言葉をかけてくれる時 病気などで寝こんだ時に家族の人が面倒みてくれる時 助けあう時	2.4	0.9	4.0	2.6	2.5	2.2	2.4	2.8	0.3	5.5	0.6	4.2
4	「家族間でのレクレーション」に関する記述 (例) みんなでファミコンをしている時 家族でマージャンをしている時	0.7	0.7	0.6	0.3	0.6	1.3	0.0	0.6	1.0	0.0	0.6	2.1
5	「特定の日時」に関する記述 (例) 正月とか大みそかに長い時間、家族の人とテレビをみている時 日曜の夕食時 父、母の休日の時	2.8	2.6	3.0	5.5	1.2	2.5	6.3	5.0	1.4	1.0	1.7	3.5
6	「情緒的」記述のみ 楽しい、くつろぐ、幸せ、安らぐ、おちつく、やさしい、仲が良い等	9.2	8.0	10.3	7.8	6.6	13.9	7.9	7.7	2.8	8.5	12.8	16.7
7	「(ないので) よくわからない」	8.2	9.9	6.3	8.5	11.9	2.2	4.8	11.0	16.4	5.5	2.9	1.4
8	その他、判読不明	3.2	3.8	2.7	3.9	3.1	2.8	6.3	2.2	3.5	2.5	2.3	3.5
9	無記述	21.1	26.5	14.4	6.3	22.4	34.3	9.6	3.8	27.7	18.3	41.4	24.1

③ 一家団欒を生成する家庭的要因 [5]

「一家団欒がある」と答えた中学生と、「一家団欒がない」と答えた中学生群にわけ、それぞれの規定要因を抽出したものが表2-1-8である。ここでの一家団欒のある家庭とは「楽しい、くつろいだ、心が落ちつく」家庭的雰囲気のもとで「会話やレクレーションが頻繁にある」と答えた群とした。一家団欒のない家庭とは以上の内容に対して否定した子ども群である。

表 2-1-8

(＋) 団欒のある家庭　団欒のない家庭 (－)

	項　目	カテゴリー	カテゴリーウエイト	レンジ	偏相関係数
1	母親とのコミュニケーション	1 よくある 2 あまりない	0.142 －0.742	0.884	0.258
2	母親への評価	1 高い 2 低い	0.105 －0.639	0.744	0.192
3	夕食時の家族の参加状況	1 揃う 2 揃ったり揃わなかったり 3 揃わない	0.093 0.157 －0.411	0.568	0.197
4	夫婦関係（仲睦まじいかどうか）	1 良い 2 普通 3 悪い	0.067 －0.093 －0.473	0.566	0.117
5	夕食後の家族の集い	1 良くある 2 時々ある 3 ほとんどない	0.194 －0.328 －0.341	0.535	0.223
6	父親の休日数	1 約2日以上 2 約1日 3 ほとんどない	0.335 －0.004 －0.180	0.515	0.151
7	両親の有無	1 父、母有 2 父、母どちらか一方	－0.053 0.460	0.513	0.129
8	父親とのコミュニケーション	1 よくある 2 あまりない	0.168 －0.275	0.432	0.194
9	家族との家庭外への外出状況 （レクレーション、食事、旅行）	1 よくある 2 あまりない	0.167 －0.265	0.432	0.194
10	居間の有無	1 有り 2 無し	0.067 －0.269	0.336	0.129
11	家族規模	1 2～3人 2 4～5人 3 6人以上	0.131 0.001 －0.113	0.244	0.054
12	性別	1 男子 2 女子	－0.115 0.076	0.191	0.091
13	母の就労の有無（家庭外での）	1 有り 2 無し	0.034 －0.037	0.071	0.034
14	家族形態	1 核家族 2 三世代家族	0.045 －0.007	0.052	0.017
15	父親の帰宅時間	1 午後10時まで 2 午後10時を過ぎることが多い	－0.010 0.029	0.038	0.015
16	父親への評価	1 高い 2 低い	－0.007 0.024	0.031	0.001

小論では一家団欒を生成すると思われる 16 項目の家庭属性を任意に選び「一家団欒の有無」の規定要因を数量化Ⅱ類から考察した。
　カテゴリーウエイトのレンジ値から判別すれば一家団欒を生成するうえで最も規定力の強いものとして「母親とのコミュニケーション」があげられる。そして第2番目に「母親への評価」[6]となっており、一家団欒を生成するにはまず好ましい母子関係が日常の家庭生活の中で築きあげられていることが第一の条件と考えられる。またカテゴリーウエイトから判断すれば母子関係が両者とも否定的な場合、一家団欒を生成する条件とはマイナス方向に強く作用する。また第3番目、5番目の「夕食時における家族の参加状況」「夕食後の家族の集い」や第9番目の「家庭外への外出機会」そして第10番目の「居間の有無」などから、家族が集う時間的な場や機会が用意されているということも一家団欒を生成するための条件と考えられる。
　これに加えて第4番目の円満な家庭関係や家族間のコミュニケーションを意味する、「夫婦の円満な関係」なども規定要因として強く作用しており、とりわけカテゴリーウエイトから判別する限り、夫婦関係が好ましくないと子ども達が感じとっている場合、一家団欒を生成する上での阻害要因として強く作用する。一家団欒と父親との関係についていえば、第6、第8番目の「父親の休日数」あるいは「父親とのコミュニケーション」が析出された。つまり休日数が多い方が、また会話や相談ごとが日頃からなされていることが一家団欒を生成するための条件となるわけである。
　また第7番目の「両親の有無」が意味するものは、家族形態として父親だけ、あるいは母親だけの家庭の方が一家団欒を醸成する条件として、両親が揃っている家庭よりも高い規定力をもっているということで、これは必ずしも両親が揃っていることが一家団欒を生成する条件にはならないという解釈ができる。

28　第2章　一家団欒の概念及びそれの持つ人間形成機能

④　中学生から成人までの一家団欒のイメージ図

図2-1-9　中学生女子のイメージ図

図 2-1-10　中学生男子のイメージ図

30　第2章　一家団欒の概念及びそれの持つ人間形成機能

図2-1-11　高校生女子のイメージ図

図 2-1-12　高校生男子のイメージ図

32　第 2 章　一家団欒の概念及びそれの持つ人間形成機能

図 2-1-13　大学生女子のイメージ図

図 2-1-14　大学生男子のイメージ図

34　第2章　一家団欒の概念及びそれの持つ人間形成機能

図2-1-15　成人のイメージ図

(3) 本論で考える一家団欒の規定要因

以上のことをふまえ、本論で考える一家団欒として次の要因が含まれていることを基本的な規定条件とした。①家庭生活全般で親子・家族間の親和的な関係がある、②親子が集う時間がある、③集った時にその場をより楽しくする装置・道具（一般的には食事、遊興的な道具等）がある、ということである。ただ、例えば親や祖父母が子どもに楽しい、世間話や昔話をして一家が集う情景といった、①と②の要因だけでも本論では一家団欒として考えている。しかし百年前の家族であれば、これだけでも十分な一家団欒であったと考えるが、今日的な状況を考えてみたとき、子ども達が、親の「話」だけで満足し、一家団欒の雰囲気を醸し出されるかといえば、なかなか難しく、やはり傍らに「ご馳走」やテレビ等の「遊興装置」「外食」「旅行」などの経済的後押しの中で実現できることが多い。したがって基本的には③の「集った時に楽しさを演出する道具、装置」も必要条件と考えた。

第2節　一家団欒の人間形成機能

さて家庭生活の中での一家団欒という営み、雰囲気は子どもの人格形成上どのような影響力をもつのであろうか。以下、中学生、高校生、大学生を対象とした意識調査及びCCP（親に対する子どもの認知像の検査）テストからその人間形成上の影響について考察する。

(1) 意識調査からの一家団欒の人間形成機能

まず「もしあなたの家庭に団欒がなければ…」といった設問に対する自由記述の文章完成法テストから、子ども達が考える人間形成上の意味を考察する。表2-2-1はその回答結果である[7]。

第2章 一家団欒の概念及びそれの持つ人間形成機能

表 2-2-1「もしあなたの家庭に団欒がなければ…」

	記述例	全体	男性	女性	大学	高校	中学	大男	大女	高男	高女	中男	中女
家庭が	暗くなる	11.9	10.0	13.8	5.8	10.6	19.4	3.2	8.3	8.7	12.4	18.0	20.8
	さびしくなる	0.9	0.7	1.1	1.0	0.0	1.7	0.8	1.1	0.0	0.0	1.2	2.1
	冷たくなる	2.1	1.9	2.3	2.3	2.1	1.9	2.4	2.2	1.7	2.5	1.7	2.1
	重い雰囲気になる	0.5	0.7	0.2	0.0	1.1	0.3	0.0	0.0	1.6	0.5	0.5	0.0
	バラバラになる（破滅）	12.7	8.5	16.8	16.2	10.0	11.9	11.9	20.4	6.6	13.4	7.0	16.7
	家族関係が悪くなる	0.8	1.3	0.3	1.3	0.3	0.9	2.2	0.3	0.0	0.5	1.7	0.0
	家に帰りたくなくなる	2.3	1.7	2.9	5.7	1.2	0.0	4.8	6.6	0.3	2.0	0.0	0.0
	家にいたくなくなる	1.7	1.0	2.4	2.8	2.0	0.4	1.6	4.0	1.4	2.5	0.0	0.7
	いつか「団欒」をつくる	1.5	1.7	1.3	1.8	0.5	2.3	2.4	1.1	1.0	0.0	1.7	2.8
自分自身の性格が	暗くなる	4.5	3.9	5.0	3.0	5.4	5.0	1.6	4.4	3.8	7.0	6.4	3.5
	非行にはしる（ぐれる）	1.3	1.0	1.6	0.7	2.3	1.0	0.8	0.5	1.0	3.5	1.2	0.7
	性格がかわっていた	0.5	0.3	0.6	1.3	0.1	0.0	0.8	1.7	0.2	0.0	0.0	0.0
	冷たい人間になる	0.3	0.1	0.5	0.6	0.4	0.0	0.0	1.1	0.3	0.5	0.0	0.0
	自己中心的な人物になっている	0.4	0.2	0.6	0.9	0.0	0.3	0.0	1.7	0.0	0.0	0.6	0.0
	口かずがへる	0.2	0.3	0.1	0.0	0.2	0.0	0.0	0.3	0.0	0.5	0.0	0.0
	むちゃくちゃになる	0.3	0.3	0.2	0.1	0.3	0.8	0.0	0.3	0.0	0.5	0.0	0.0
	心のせまい人間になる	0.1	0.0	0.1	0.0	0.3	0.0	0.0	0.0	0.0	0.5	0.0	0.0
	無感動、無関心な人間になる	0.1	0.0	0.2	0.3	0.0	0.0	0.0	0.0	0.0	0.0	0.0	0.0
	さみしい	9.7	6.9	11.5	10.0	8.9	8.8	9.5	10.5	4.9	12.9	6.4	11.1
	つまらない	9.7	9.9	9.5	9.6	6.6	13.1	11.9	7.2	5.6	7.5	12.2	13.9
	くらい	2.7	3.9	1.5	2.9	1.7	3.6	4.0	1.7	1.4	2.0	6.4	0.7
	悲しい	1.4	1.2	1.7	3.0	1.0	0.6	3.1	2.8	1.0	1.0	0.0	1.1
	困る	0.9	1.4	0.4	0.7	1.8	0.4	0.0	0.8	0.5	3.5	0.0	0.7
	落ちつかない	0.9	0.4	1.4	2.1	0.7	0.0	0.8	3.3	0.3	1.0	0.0	0.0
	安らぎの場がなくなる	0.6	0.2	1.4	1.4	0.4	0.0	0.0	2.8	0.5	0.5	0.0	0.0
	窮屈な（息がつまる）	0.6	0.1	1.0	0.7	0.4	0.0	0.0	1.1	0.3	0.5	0.0	1.4
	いや	0.6	0.3	0.8	0.3	0.0	1.7	0.0	0.5	0.0	0.0	1.2	2.1
	おわり	0.5	0.5	0.4	0.0	0.8	0.4	0.0	0.0	1.0	0.5	0.0	0.7
	別に何とも思わない	6.6	8.6	4.6	8.2	10.1	1.5	8.7	7.7	14.7	5.5	2.3	0.7
	（かまわない）（いらない）	0.5	1.0	0.0	0.4	0.5	0.0	0.0	0.0	1.0	0.0	1.2	0.0
	別に変化なし	0.5	1.0	0.0	0.6	0.5	0.0	0.0	0.0	1.0	0.0	0.0	0.0
	どうなるのだろう	1.4	1.8	0.9	0.7	2.5	1.0	0.8	0.6	3.5	1.5	1.2	0.7

上記以外で 0.4％以下の記述例

> 死ぬ。苦しい。不幸である。よりどころのない。孤独。ものたりない。
> 人生まっ暗。むなしい。冷たい。しんどい。つらい。悲惨。腹がたつ。
> 学校でさわぐ。家族というものが名ばかりになる。いや。憂うつ。不安。
> 悪がはびこる冷たい世界。そういうことは考えられない。陰気。最悪。
> 家庭というもの自体存在する必要がなくなる。まともな生活が送れない。
> 自分の部屋にとじこもってしまう。作るように努力する。胃が痛くなる。
> 外と家との区別がなくなる。テレビばかり見る。親が離婚する時。
> 人間の真の情がわからなかったと思う。何もする気がしない。
> 家はただの寝ぐらになる。それは家ではない。
> 甘えのないしっかりした人物になっていたかも。食事がまずくなる。
> 結婚に対する興味を失うでしょう。ギャグを言うとか、話題をつくることが大切。
> しかたがないから結婚してからそういう家庭を作る。
> 何かおかしい。こわい。

　結果は以上の通りで、「家庭が暗くなる」「バラバラになる」「さみしい」といった家族・家庭全体への悪影響と、「自分の性格が暗くなる」「非行にはしる」「性格がかわる」「自己中心的な人間になる」といった、自分自身の人格形成上の好ましくないと考えられる記述が大半をしめた。

(2) CCPテストにみる一家団欒と人間形成機能

　次にCCPテストを用いた結果が表2-2-2である[8]。CCPテストというのは日常の家庭生活において、子どもが親の態度をどのように認識しているかを分析するために、様々な親子関係のやりとり場面を設定して、それぞれの親の態度を自由に記述させ、その具体的回答例から、「支配」「拒否」「無関心」「統制」「服従」といった項目に分類し、両者の関係を客観的に把握しようというものである[9]。ここでは子ども達を一家団欒のある家庭群と一家団欒のない家庭群に分け、それぞれのCCPテストの評点を比較することによって、一家団欒のもつ人間形成機能を考察した。

　ここでの「一家団欒のある家庭・ない家庭」の規定の方法は、一家団欒のあ

る家庭として、「家庭生活において、家族が、楽しく集う状況がみとめられる」と回答した群を一家団欒のある子ども群とした。一方、一家団欒のない子ども群の規定は、「家族が集うことが少なく、たとえ集っても、それを楽しい雰囲気と思っていない」と回答した子ども群とした。この場合、家族が集うことがあってもその雰囲気が楽しくないと感じている子ども群は一家団欒のない子ども群とした。

結果は表2-2-2で、これはどの程度子どもの欲求に母親が受容しているか、また、どの程度拒否的態度をとっているのかを点数化したものである。欲求に対する「受容」の範疇には「統制」と「服従」という内容のものが、そして、子どもの母親に対する拒否的態度には、「支配」「拒否」「無関心」という内容である。

表2-2-2 CCPテスト平均点の比較（平均点が高い程その程度が高い）

		支配	拒否	無関心	統制	服従
一家団欒のない子ども群	平均値	3.5	1.1	1.1	3.4	1.5
	SD	1.1	0.9	1.1	0.8	0.7
一家団欒のある子ども群	平均値	3.3	0.5	0.7	3.9	1.9
	SD	1.0	0.8	0.7	1.1	0.8
T検定結果		—	**	**	**	**

**$p<0.01$

評点の結果を考察すると、「統制」（瞬間的には不満をひきおこさない程度に統制を加えて、欲求を受けいれ、情緒的にも受容する）項目において、一家団欒のない子ども群の得点が3.4、そして一家団欒のある子ども群が3.9ということで、一家団欒のある子ども群がそうでない子ども群より、親の態度をより「統制的」にとらえている。すなわち、子どもは母親を「不満を引き起こさない程度に統制を加え、情緒的には受け入れている態度をとっている」と認知している。同じく、受容的項目の「服従的」な態度において、一家団欒のある子ども群の得点が1.9、一家団欒のない子ども群が1.5ということでこの項目においても一家団欒のある子ども群の方が、母親の態度をより服従的、つまり、

なんら統制を加えず欲求をそのまま受けいれ情緒的にも受容していると認識しているということになる。このように、子どもの欲求に対して、一家団欒のある子ども群のほうが、より母親の態度を受容的なものとして認識していると考えられる。

一方、拒否的項目の「支配」（欲求を受けいれず思いどおり強力に働きかけるが情緒的には拒否しない）項目においては、有意差が認められるほどの得点差はなかった。

次に、欲求の受容とは対極の位置にある「拒否」（欲求を受けいれず、情緒的にも拒否したり、非難・嘲笑攻撃したりする）項目においては、一家団欒のある子ども群の得点が0.5、一方、一家団欒のない子ども群が、1.1と一家団欒のない子ども群の方がより母親の態度を拒否的に認識している。また、「無関心」（子どもの欲求に無関心で欲求をみたさず放置する）という項目においても一家団欒のある子ども群が0.7、一家団欒のない子ども群が1.1と一家団欒のない子ども群のほうが、より母親の態度を無関心なものと捉えていることがわかる。以上のように、一家団欒のない子ども群は、一家団欒のある子ども群に比べ日常生活における様々な諸欲求の場において、母親から拒否的な取扱いを受けていると推察できる。もちろんこれらの解釈は「一家団欒のある家庭の母親は子どもに受容的である」というものではなくて、「受容的な母親はその家庭生活全般において一家団欒を営む傾向が強い」ということであろう。言い換えれば、母親の愛情表現や子どもの人間形成の方法、場として一家団欒を営むということではないだろうか。

このように子ども達の自由記述の回答やCCPテストの結果をふまえると「一家団欒」が子どもの人間形成の場として強く作用していると考えられる。一家団欒の生成要因から、それはO. F. ボルノウが論じた教育的雰囲気（Pädagogische Atmosphäre）に通じるものを感じ、教育を可能にする家庭の営みとも考えられる[10]。いずれにせよ、新堀通也が家庭の団欒は「レクリエーション」であり「コミュニケーション」であり「教育」であると論じたように[11]、一家団欒の営みは最も基本的な人間形成機能と考えられる。

(3) 家庭の持つ人間形成機能と一家団欒

前述したように一家団欒は子どもの人間形成に強く影響を及ぼしていると考えられるが、ここであらためて家庭の持つ人間形成機能の中で「一家団欒」が有すその特性を確認しておく。図2-3-1は青井和夫が「しつけ」の考察の中で示した家族・家庭の持つ人間形成機能を内容別に類型化した図である[12]。

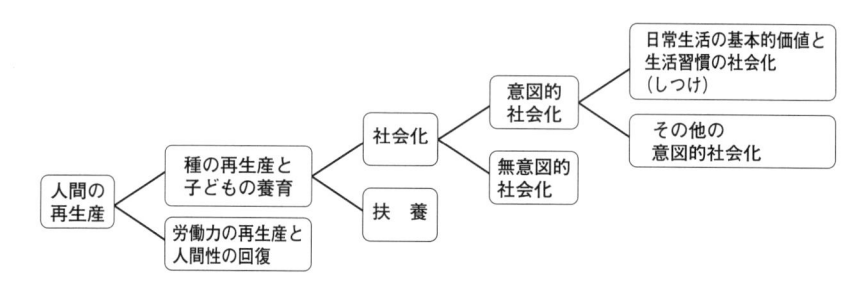

図2-3-1　家族・家庭の持つ人間形成機能

これは家族、家庭の中心的な社会的機能を「人間の再生産」におき、関わりの内容や形態によって、衣食住を保障するより基本的な人間形成機能の「扶養」と、より高次な人間形成機能の「社会化」に分けている。扶養の内容としては「いつくしみ」「まもり」「はぐくみ」「保護的」「自他一体的」とし、社会化については「しつけ」「きたえ」「おしえ」「みちびく」「言語や文化をつたえる」といった行為内容としている[13]。そこで、この類型化した図において、楽しい家族の夕食風景といった一家団欒がどの項目に入るかを検討したい。

子どもへの「食」の充足やそこでの「安心感」「遊興性」といった心的安定機能という点においては、人間の再生産に関わる最も基本的な機能である「扶養」に含まれる。また、夕食中や夕食後の一家団欒で営まれる家族的交流の中での会話などからも、時には意図的に、時には無意図的な形態で様々な情報伝達（しつけ、感化）もなされている。また親が一家団欒を営む行為は何も子ども達だけの社会化や扶養だけではなく、大人自身の人間性の回復機能にもなっていると考える。その意味で一家団欒はこの図の全ての要素に含まれ、畢竟「人間の再生産」を担うものであって、一家団欒の役割がいかに大きく、重要

であるかが認識できる。

注

(1) 本節（初出）は拙稿「一家団欒（だんらん）の概念および教育的意義に関する一考察」『関西学院大学文学部教育学科教育学科年報16号』1990年、及び「家庭生活における一家団欒の社会史的考察（1）」『梅光女学院大学論集24号』平成3年、及び「現代家庭における安定感に関する一考察」『関西学院大学文学部人文論究37巻第3号』78-79頁を基に加除訂正し記した。
(2) J. H. Pestalozzi, *Abendstunde eines Einsiedlers*, Gesmmelte Werk. Bd. 8. Rascher. S. 1. 長田新訳『隠者の夕暮』岩波文庫、1984年、20頁。
(3) 堺枯川『家庭の新風味（第5冊）、家庭の和楽』内外出版協会、明治35年、358-361頁。
(4) 表2-1-1から図2-1-7及び図2-1-9から図2-1-15までの調査方法の詳細は、拙稿「一家団欒（だんらん）の概念および教育的意義に関する一考察」『関西学院大学文学部教育科教育学科年報16号』1990年、20頁を参照のこと。表2-1-8は『関西教育学会紀要第11号』132頁を参照のこと。
(5) 詳細は拙稿「一家団欒と教育（1）」『関西教育学会紀要12号』1988年、132-134頁を参照のこと。
(6) ここでの「母親への評価」とは母親に対して日ごろから「尊敬している」「好き」といった内容である。
(7) 拙稿「一家団欒（だんらん）の概念および教育的意義に関する一考察」『関西学院大学文学部教育学科教育学科年報16号』31頁を参照のこと。
(8) 詳細は拙稿「一家団欒と教育（3）」『関西教育学会紀要15号』1991年、168-171頁を参照のこと。
(9) 林勝造・一谷彊・小嶋秀夫『CCP解説』牧野書房、1970年度版参照。
(10) O. F. Bollnow, *Die Pädagogische Atmosphäre* (Quelle & Meyer Heidelberg 1965) 森昭、岡田渥美訳『教育を支えるもの』黎明書房、昭和55年を参照のこと。
(11) 新掘通也「家庭教育と学校教育」『文部時報』昭和49年4月号、25頁。
(12) 小山隆編『現代家族の親子関係』培風館、1973年、19頁を参照のこと。
(13) ここでの説明は二関隆美「家庭教育の考えかた」『児童心理』金子書房、1967年、12月号、1頁を参照のこと。

参考文献

尾田幸雄「生活空間としての家庭」小倉志祥編『人間と家庭生活』至文堂、昭和58年、176-190頁。

第3章
文献にみる明治期の家庭生活・親子関係・一家団欒

　本論での課題とする戦前（明治期の後半、大正、昭和初期）の家庭の教育力を考察するためにも、その歴史的連続性を鑑み、明治期初期から中期を中心とした明治期全体の家庭の教育力を考察する必要がある。そこで本章では外国人の見聞記、人口構成、民俗学的知見等を基に明治期の家庭生活、親子関係、一家団欒の全体像を推察する。
　また、明治期以前についても和歌や歌謡、川柳、狂歌などを通じて、当時の親子関係や、親の子へのおもいを概観し最も原初的な一家団欒が営為される可能性を探りたい。

▼

第1節　明治期以前の親子関係、一家団欒の可能性[1]

　本節では明治期に入る前の、日本古来からの親子関係がどのようなものであったかを確認するために、和歌や歌謡、川柳、狂歌、説話集などにみられる親子像をとりあげて、家庭生活の中で親子関係や一家団欒が営為される可能性を考えた。

(1)　明治期以前の親子関係の史的考証の方法論

　明治期からの家庭生活や親子関係についての考証は、年長者からの直接的な聞き書き、外国人の見聞記、新聞等の各種記録から比較的可能であるが、明治期以前になると庶民家庭の直接的な一家団欒を描写するような関連資料は皆無といってよい。はたして近代以前のそれはどのような情景のものであったのか。一家団欒を生成する基本的条件は前節で述べたとおりで、①家庭生活全般で親子・家族間の親和的な関係がある、②親子が集う時間がある、③集った時

にその場をより楽しくする装置・道具（一般的には食事、遊興的な道具等）の存在、経済的後押しの存在である。近代以前では庶民家庭において、経済的後押しに絡む③の条件が日常的に充たされることは非常にむずかしく、それが可能な時は一年においてせいぜい祭礼、盆、正月、節句時ぐらいであろう。しかし、①家族間の親和的交流と、②の親子が集う時間が確保されていれば頻度こそ少ないが、一家団欒が営まれる素地はある。また、③の経済的後押しがあるにこしたことはないが、前述したとおり、親子間の楽しい会話だけで一家団欒は成立する。したがって、まずはある時代において親の子への愛情が確認されれば、その時代にも家族間の親和的情景である「一家団欒」が営まれていたと想定できる。当時の一家団欒の様子は現在イメージするようなものとは随分かけはなれていたであろうが、今日の一家団欒の原型になるような風景がみられたのではないか。このような視点から、ここでは、史実性の高い詞歌や説話等において親子の情愛を表現する箇所を抽出し、明治期以前の一家団欒の営みの可能性を探ってみたい。

　もちろん詩歌や文芸作品、説話に記されている情景がただちに現象として顕在化されていたとはいえず、「願望」や「理想」として表現・記録されたものも少なくなかったであろう。しかし加藤周一が梁塵秘抄の史実性を語るなかで「作品は想像の世界で、もちろん、そのような現実を反映していない。それは作者が夢みた世界である。しかし夢の材料、夢を成り立たせている個々の要素はそのままの現実の要素であることが多い」と述べているように[2]、その「願い」や「理想」は時代の精神、規範につながる可能性があり、ひいては行動の原点になりうるものではないかと考える。

　このようなアプローチをすすめる上で、きわめて参考となる先駆的研究が、第1章でも述べたように、桜井庄太郎の『児童生活史』における「児童観」の項や、石川謙の『児童観の発達』である。もちろん有地亨氏の『日本の親子二百年』、中谷君恵氏の『子育ての歴史』を参照としたことは述べるまでもない。これらの研究は、大人が子どもに対してどのような心持ち、態度、心性を抱いていたかということを基本命題としたもので、そこでは日本古代からの親子間の叙事的、叙情的表現箇所を数多く示している。本稿においてもこれらの古典的名著を範としながら考察をすすめた。

(2) 和歌、日記、歌謡、川柳、狂歌にみられる親子像

　心性を語り、史実として想定できる文学作品としてまず考えられるのが万葉集をはじめとした和歌の類のものである。家族へのおもい、愛情を吐露した作品は万葉集以降数多くみられ、それらの作品を列記していくことは、一家団欒という家族間の親和的状況が日本社会において連綿として続いてきたことを意味しよう。とりわけ東歌・防人歌や梁塵秘抄（歌謡）といった庶民が詠んだ作品からは、時代の多数派である庶民階層の家庭の情景を想定するに適した資料と考える。

　そこでまず、厳密には庶民階層出身とは言えないが、当時の家庭像を考証するうえで最も頻繁に引用される山上憶良（660-733年）の歌、そして庶民の代表歌とも言える防人、遣唐使の母の歌等、律令、摂関期に詠まれたものを数編とりあげたい[3]。

○万葉集より

　銀も金も玉もなにせむにまされる宝子にしかめやも　（山上憶良、巻五・803）
　　口語訳　銀も金も宝石も何の役に立とうか。どんなに優れた宝でも子どもに及ぶであろうか。いや決して及ばない。

　憶良らは今はまからむ子哭くらむそれその母も吾をまつらむぞ
　　　　　　　　　　　　　　　　　　　　　　　　　（山上憶良、巻三・337）
　　口語訳　憶良は今は失礼いたしましょう。家では子どもが泣いているでしょう。おそらくその母も私を待っているでしょうよ。

　旅人の宿りせむ野に霜降らばわが子はぐくめ天の鶴群
　　　　　　　　　　　　　　　　　　　（遣唐使随員の母、巻九・1791、733年頃）
　　口語訳　旅人の宿りする野にもし霜が降ったならば、空を行く鶴の群よ、どうかわが子をお前の翼でおおってやっておくれ。

　父母が頭かきなで幸くあれて言いし言葉ぜ忘れかねつる
　　　　　　　　　　　　　　　　　　　　（防人の歌、巻二十・4346、丈部稲麻呂）
　　口語訳　私の両親が私の頭をなぜて、どうか無事でいろよと言った言葉をどうしても忘れることができない。

わが母の袖持ちなでてわが故に泣きし心を忘れえぬかも
(防人の歌、巻二十・4356、物部乎刀良)
　　口語訳　私の母が私の袖をもって撫で、私のために泣いてくれた母の心を私は忘れられないことだ。

唐衣すそに取りつき泣く子らを置きて来ぬや母なしに
(防人の歌、巻二十・4401、他田舎人大嶋)
　　口語訳　私の着物のすそに取りついて泣く子たちを置いてやって来てしまったのだなあ、母親もいないのに。

○梁塵秘抄より
わが子は二十になりぬらん　博打してこそ歩くなれ　国々の博党に
さすがに子なれば憎かなし　負かいたまふな　王子の住吉西宮（平安期後期）
　　口語訳　私の息子はもう二十になったことでしょう。噂では博打をして歩いているようです。国々の博打仲間に交わって。やくざ者でも、わが子なれば腹立つ気にもならないのです。どうかあの子を負かさないで下さい。王子の宮、住吉、西宮の神々よ[4]。

また、庶民階層の作品ではないが、参考までに「子に対するおもい」を綴った平安期末までの貴族・上層階層の著名な作品をあげておきたい。

○土佐日記より
世の中に思いやれども子を恋ふる思ひにまさる思ひなきかな（紀貫之　935年）
　　口語訳　いろいろ考えてみるけれども、世の中に亡き子を恋しく思う親の心にまさる深い思いはないよ[5]。

○後撰和歌集より
人の親の心は闇にあらねども子を思ふ道にまどひぬるかな
(藤原兼輔、巻一五、951年)
　　口語訳　親の心は闇というわけでもないのに、他のことは何もみえなくなって子を思う道にただ迷ってしまっております[6]。

○成尋阿闍梨母集より (1071年)

高きも賤しきも、母の子を思う心ざしは、父には異なるものなり。腹のうちにて身の苦しう起き臥しもやすうせねど、我が身よくあらんとおぼえず。これを見る目よりはじめて、人よりよくてあれかし、と思ひ念じて、生まるる折りの苦しさも、ものやはおぼゆる。生まれ出でたるを見るより、人のこれをあはれび思はずは、ものになるべき人のさまやはしたる。

　　口語訳　身分の高い者も賤しい者も、母の子を思う気持ちは、父と異なるもののようです。子供が腹の中で育つにつれ、我が身は苦しく、起き臥しも楽にはできないけれど、親の身は楽になりたいとも思わない。生まれた子の姿や容貌をはじめとして、ほかの子より立派になってほしいと思い願うにつけ、出産の折りの苦しさなど、つらく思ったうちにもはいらない。生まれ出た子を目にした時から、親がその子をいつくしみ、かわいがるからこそ、その子はひとかどのすぐれた人物になるのです[7]。

○新古今和歌集

今日来れどあやめも知らぬ袂かな昔を恋ふるねのみかかりて

　　口語訳　五月五日の端午の節句の今日は来ましたが、悲しみで薬玉のあやめにも気づかず、ものの区別もわからないほどに涙で濡れる袂であることです。故人生前の昔を恋しく思って泣く音（菖蒲の根）だけがかかって[8]。

次に時代区分として中世の和歌等から庶民が詠ったと考えられる作品を提示しなければならないのだが、文学史的にみてもこの時期における該当作品は少ないようで、中世の作品は割愛する。そこで近世以降の和歌について、庶民階層の歌人とは言いきれないが、大隈言道（1798-1868年）、橘曙覧（1812-1868年）をとりあげたい。

妹が背にねぶるわらわのうつつなき手にさへめぐる風車かな

（大隈言道、草径集・152）

口語訳　妻の背中で子どもは風車の柄を握ったままぐっすり寝込んでいる。その風車は眠ってしまったおさな子の手の中でも、勝手に喜々としてまわっている。

おのが身にまがふばかりもなれる子をなほはぐくめる親がらすかな

（大隈言道、松下集）

口語訳　すっかり大きくなった子を相変わらず親鳥は雛のように育てている。だが、人の親だって同じことだ[9]。

我よりも高くなりたる男ぶりよろこぶ親の心たふとめ

（橘曙覧、志濃夫廼舎歌集・521）

口語訳　親よりも背が高くなった男姿をよろこぶ親の心をありがたく尊く思えよ。

たのしみは妻子むつまじくうちつどい頭ならべて物をくふ時

（橘曙覧、志濃夫廼舎歌集・558）

口語訳　たのしみは妻子むつまじく集まって、頭ならべていっしょにものを食べる時である[10]。

たのしみは衾かづきて物がたりいひおるうちに寝入りたるとき

（橘曙覧、志濃夫廼舎歌集・593）

口語訳　自分が本当に楽しいと思うときは、夜具をかぶって子どもと一緒に寝床で話をしているうち、自分もすやすやと寝てしまう時ですね[11]。

参考までに江戸時代の流行した、子どもをおもい、また家庭の暖かい情景を彷彿させる川柳、狂歌をあげておく。

○江戸・元禄期川柳より

うい産は夫半分うむこころ　　　　　　出典「へらず口」元禄七年（1694年）

愛妻の苦しみと安否を気づかって産院の廊下をおりの中の熊のように歩く若い父親の姿が明るく切実な気持ちとして表現されている。

灸する子の側逃げる女親　　　　　　　出典「二息」元禄六年（1693年）

熱がって泣くわが子を見るに忍びないのも母親の真情で、灸の効用と子への

愛しさを比較できない反面、情にもろい母親を好ましい女らしさと作者はみている。

　勘当をゆるすは母の産直し　　　　　　出典「双子山前集」元禄十年（1697年）
　抱きついたのはやつれ果てた勘当息子を見た母親であろう。父親の前に手をつかえ「こんなになったのも私の罪ですから、それに、この子も生まれかわったつもりで働くと申しますから」とわびを入れたのである。いつまでたっても、親からみれば幼子である、そんな親子の真情がみえる。

　丸薬を乳房へ附けて呑せて見　　　　　　出典「口よせ草」元文元年（1736年）
　急に熱でもでたのであろう、何とかして丸薬を飲ませようとする苦心する若い母親であり、横から心配そうにうかがう夫の姿も見えるようである。

　我が子なら舞せはせまい八から鉦（やがね）
　　　　　　　　　　　　　　出典「雲鼓評万句合」寛延元年（1748年）
　念仏踊りといいながら、苦しい曲芸のようなこのひどい見せ物に使われる少年の苦しそうな顔をみると、これらの親なし子の境遇が想像される。みんな感心して見ているけれども、自分の子がもしこんなふうに踊らされていると考えてみたならどんな気持ちがするだろう。

○江戸狂歌より
　子はしらぬ親の心の染めゆかた盆前むねのをどる思いを
　　　　　　　　　　　　　　四方赤良「才蔵」四・秋　天明七年（1787年）
　子は喜んで盆踊りに加わって踊っている。踊りの染めゆかたを着せる算段に、盆前にどれだけ親が胸をどきどきさせているだろう[12]。

(3) 文芸作品、説話集から一家団欒をイメージする

　文芸作品や説話集の多くは創作であり、基本的には史実からかけ離れたものであるが、情報希少な時代において、作品をとおしての民衆への教化、喧伝は

相当強いものがあったであろう。もちろん崇高な理念が存在していたことと、その人間社会が崇高であったかは別問題であるが、人間が生得的に子を慈しむ感情を有した存在であり、その社会に子を慈しむことの大切さが喧伝されれば、その社会の慈愛行動はより高いものとなるだろう。その意味において「物語」ではあるが、子に対する慈愛を扱った文芸作品等の顕彰は、その時代の史実を想像する一方法として有効である。

方法論としては、親の子への慈愛行動を評価した作品をあげればいいことだが、古来より仏教思想の中に子への慈愛は説かれてきた。仏教が日本に伝わったとされる六世紀以降、厳密には仏教思想がより庶民に一般的になった中世以降、仏教説話などを通じてこれらの行為、おもいがより価値あるものとして喧伝されていったことは容易に想像がつく。

ただ同時に中世は儒教を中心とした封建的身分制観念も混ざりはじめ、武家社会を中心に家父長的家族道徳観も芽生える時期である。そこでは家族の情愛よりも「家」の秩序が重視され、親子の自然な情愛を越え、それとは対峙する価値観も喧伝されはじめてきたことも見逃せない。

以上のようなことを念頭におきながら、本論では、親が子をおもう作品の抽出として、「焼野の雉子夜の鶴」という、親の子に対する慈愛を表現する俚諺が挿入された作品をたどり、その典型的な説話である鴨長明（1155-1216年）の仏教説話・発心集（1215年）の一編をとりあげた。この俚諺の出典をたどると、白居易の『白氏文集（828年）』、平安後期の勅撰和歌集『詞花集』『発心集』、能・謡曲の『唐船』、西鶴の『好色五人女の「八百屋お七の物語」（1686年）』などがあげられている[13]。例えば「八百屋お七の物語」では「……焼け出された人は、それこそむかしからのたとえにある焼野の雉子と同じ気持ちでわが子だいじ、妻がだいじ、老いた母がたいせつと守りながら……」とあり[14]、また「唐船」では、「……たとえば親の子を思うこと、人倫にかぎらず、焼野の雉子よるの鶴、うつばりの燕も、みな子故こそ物思へ……」[15]という具合である。いずれにせよ平安期以降多くの物語において「焼野の雉子夜の鶴」という俚諺が引き合いに出されるように、親が子をおもう作品、表現箇所が散在している。

次に鴨長明『発心集』「一五、正算僧都の母、子の為に志深き事」を考察する。

以下口語要約[16]

　　正算僧都という人が山里深くで、貧しい生活をしていたが、その状況を母に伝えるのも心苦しく、暫らく便りもできずにいた。そのような時、雪多い年の暮れ、一人の男が、母親からのちょっとした荷物を届け持って来た。

　　わざわざ雪多いなかを来てくれたこの男に、母親からの荷物の少しを分け与え、もてなしをしているとその男が突然涙を落としはじめた。わけを尋ねると、この届け物は簡単に用意できたのではなく、母みずからが髪の毛の先を切って代償を得たものであると答えた。これを聞いて、正算もしばらく涙した。母親の憐れみほど深いものはなく、これにまさるものはない。鳥獣においても慈悲をもっている。田舎の者が言うには、「雉が子を生んで暖める時、野火に見舞われ一度は驚いてそこから離れるが、残した雛鳥を捨てきれずに、炎の中に返り入り、ついに焼け死ぬことが多い」ということだ。又、鶏が雛を暖める様子は、万人が見て知るとおりで、雛鳥の羽毛が全体に揃っていないと思うと、自分の胸のあたりの羽毛を抜いてあてがい、一日中雛鳥を暖める。また餌をとるために巣を離れても、雛鳥が寒くならない内に急いで帰って来るのは、並み大抵の愛情ではないと思われる。

　　また昔、突然、隠遁した人がいた。その人は鷹を飼っていたが、その餌のため犬を殺そうとして、子を胎んでいた犬の腹をさいた。すると犬の赤子が出てきて、一端逃げ出した母犬があらためて戻り、その小犬をくわえて行こうとしたが、まもなく力つき死んでしまった。その光景を見て人は仏心が起こったということだ。鳥獣であっても子のためには命をかけるほどの憐れみをもっている。ましてや、人間の母親の子へのおもい、憐憫の情、愛情は母親の腹に宿ってから、一人前になるまで、どれだけ強くもたれていることか。これらの恩は、たとえ子が親のために命を落とすほどの孝行をしても、その恩に報いきれない程強いものである。

　このような作品からも、当時の親子の情愛、ひいてはその延長にある家庭生活全般をイメージすることは可能であると考える。

　ただ、同時に一家団欒と呼ばれる親和的状態からは程遠い、苛酷な家庭生活全般の史的考証の必要性を感じる。その意味で服藤早苗氏が『平安朝の母と

子』[17]で、今昔物語巻二九の二九話「女被捕乞丐棄子逃語（わが子を捨てて逃げた女の話）」をとりあげ、中世が子どもにとって生きるに厳しい社会であったと説かれている。以下服藤氏がとりあげた箇所の要約をあげる。

「わが子を捨てて逃げた女の話」口語要約[18]

　　ある山中を赤ん坊を背負った若い女が歩いている途中二人の乞丐（こつがい・乞食）がその女を捕まえた。そして女に乱暴をはたらこうとしたところ、女は言うことを聞くから、まず腹が痛いので用を足したい旨を請う。乞食が断ると、女は自分の赤子をこの場に置いていくから信じて欲しいと願う。女は我が身以上に可愛がっている子どもだと話し、どんな人間でも身分の上下関係なく、子どもが可愛いことを知っており、自分もこの子を捨てて逃げはしないと説き願う。

　　乞食もまさか女が子を置き去りにして自分だけ逃げまいと思い、とりあえず、用を足してくることを許す。

　　しかし、女は子を捨てて逃げる決心をし、用を足すふりをして逃げ去る。そして逃げている途中、武士四、五人に会い、武士の方から「どうしてそんなに走るのか」と問われ、そのいきさつを話す。それで、武士とともにその現場に帰ると、手足を無残にも引き裂かれた赤ん坊の死骸だけが残され乞食はもういなかった。

　　しかし、この女がたとえ子は可愛くても、乞食には恥をみせないで子を捨てて逃げてきたことを、身分の賤しい女の中にも恥を知る者がいるということで、武士達は誉めたという。

　この説話の引用による服藤氏の指摘は、一家団欒を考える上で、きわめて重要な課題を示唆してくれる。一家団欒を可能にする情愛に充ちた家庭生活が営まれる一方で、子どもにとってはまことに苛酷で残虐な家庭生活が存在したということで、現代の家庭の教育力を考察する上でもこの苛酷な家庭生活を強いられる（一家団欒の無い家庭）子ども達とどのように向き合うかが本稿の最終的課題でもあるからである。

注

(1) 本節（初出）は拙稿「庶民家庭における一家団欒の原風景」『文学における性と家族』笠間書院、1999 年、47-64 頁を基に加筆訂正を加え記した。
(2) 加藤周一『古典を読む (23)、梁塵秘抄』岩波書店、1986 年、10-11 頁を参照した。
(3) 山上憶良、遣唐使随員の母、防人の歌の口語訳は『万葉、古今、新古今』有朋堂、昭和 45 年、45-47 頁、86 頁、104-107 頁を参照した。
(4) 口語訳は臼田甚五郎・新間進一校注・訳『神楽歌、催馬楽、梁塵秘抄、閑吟集』小学館、昭和 51 年、295 頁を参照した。
(5) 口語訳は木村正中校注『土佐日記、貫之集（新潮日本古典集成）』新潮社、1988 年、23 頁を参照した。
(6) 口語訳は佐竹昭広他編・片桐洋一校注『新日本古典文学大系六、後撰和歌集』岩波書店、1990 年、327 頁を参照した。
(7) 口語訳は伊井春樹『成尋阿闍梨母集全釈』風間書房、平成 8 年、234-235 頁を参照した。
(8) 口語訳は峰村文人校注・訳『新古今和歌集（日本古典文学全集二六）』小学館、昭和 49 年、243 頁を参照した。
(9) 大隈言道の口語訳は大岡信『万葉集ほか』講談社、1993 年、265 頁、及び高木市之助・久松潜一校注『近世和歌集（日本古典文学大系 93）』岩波書店、1966 年、506 頁を参照した。
(10) 橘曙覧「我よりも……」及びこの一編の口語訳は『日本古典文学大系九三、近世和歌集』岩波書店、昭和 41 年、424 頁、及び 427 頁を参照した。
(11) 口語訳は大岡信『万葉集』講談社、1993 年、269 頁を参照した。
(12) 川柳、狂歌は浜田義一郎・鈴木勝忠・水野稔校注『黄表紙、川柳、狂歌（日本古典文学全集四六）』小学館、昭和 46 年を参照した。「うい産……」246 頁、「灸する子……」240 頁、「勘当を……」252 頁、「丸薬を……」320 頁、「我が子……」341 頁、「子はしらぬ……」459 頁。
(13) 『裡諺大辞典』図書刊行会編、昭和 49 年復刻版、折井英治編『ことわざ辞典』集英社、昭和 50 年を参照した。
(14) 藤本義一『西鶴名作集』講談社、1992 年を参照した。
(15) 田中允校注『日本古典全書、謡曲集』朝日新聞社、昭和 36 年を参照した。
(16) 三木紀人校注『日本古典集成方丈記、発心集』新潮社、昭和 51 年を参照した。
(17) 服藤早苗『平安朝の母と子』中公新書 1003、1993 年、4-10 頁を参照のこと。
(18) 『日本の古典九、今昔物語』河出書房新社、昭和 46 年を参照した。

参考文献

有地亨『日本の親子二百年』新潮社、昭和 61 年。

石川謙『児童観の発達』振鈴社、昭和 24 年。
伊藤整他編『日本文学小事典』新潮社、昭和 43 年。
伊東多三郎「近世道徳史の一考察」『生活と道徳習俗、国民生活研究 5 巻』吉川弘文館、昭和 37 年。
桜井庄太郎『日本児童生活史(新版)』日本図書センター、昭和 57 年複製。
中谷君恵『子育ての歴史』三一書房、1986 年。
服藤早苗『平安朝の母と子』中公新書 1003、1993 年。

第2節　外国人の見た明治初期、中期の家庭生活・親子関係・一家団欒[1]

　本節では、本研究の端緒となった幕末・明治期に来日した外国人著述家の日本の家庭生活全般の記述を抽出して、当時の親子関係、家庭生活、一家団欒の様子を推察したい[2]。
　また、当時の親子関係の様子を記した絵図も参考にあげる（図3-2-1から図3-2-4）。

(1)　「一家団欒」に関連する記述、表現の選定

　さて作品の記述の中からどのような表現が一家団欒との関わりのあるものとして抽出するかということだが、基本的には、前章で述べたように一家団欒の生成条件を参考に、親の子への関心、子ども観、家族・親子の親和的雰囲気、家族が楽しく集う場面が叙述されている箇所を抜き出した。

図3-2-1　「炬燵」
須藤功編『【図集】幕末・明治の生活風景　外国人のみたニッポン』農村漁村文化協会、1997年、17頁より。

① 子ども観・大人の子どもへの関わりに関する叙述

　この項目は、一家団欒の直接の生成条件ではないが、P.アリエスが、「近代家族は、子どもと子どもの将来のために組織される。ところで、子どもはまた、内にとじこもった生活、水いらずの家族団らん『家(メゾン)』を意味する」と論じているように(3)、子どもの周囲の家族が、どのようなおもい、意識で子どもと関わっていたかということも当時の一家団欒の実態を考察する上での不可欠な内容と考える。したがって子どもが周囲の大人からどのような心もちで扱われていたかが描写されている箇所について抽出する。

② 家族交流に関する叙述

　本論の一家団欒の概念は「家族の親和的な集い」であるが、まさしく家族の睦まじい集い、子どもとの遊興等の記述、表現を抽出する。

③ 一家団欒に関連する家庭生活全般（居間、食卓、遊興）の叙述

　一家団欒が営まれるための第一番目の条件は、家庭生活全般の中での親子・家族間の親和的関係の有無になるが、第二番目の必要不可欠な条件としてそれを演出する物理的な場であり道具・装置であろう。つまり家族を集わせる日常生活の習慣（食事、遊興等）、あるいは道具（食卓、囲炉裏、灯火）についての表現、叙述を抽出する。

(2) 著者・著述の選定

　以下の外国人の著書から一家団欒に関連する箇所を抜き出した。

① **B. H. チェンバレン**(B. H. Chamberlain 1850-1935 イギリス)著、『日本事物史』高梨健吉訳、*Things Japanese*。チェンバレンは外遊の途中、1873年から1905年まで外国人教師として日本に滞在し、森有礼の後援を受け東京帝国大学の日本語學の教授に昇任。文字どおり日本の事物について詳述し、本論ではとくに「こども」の項目を参照した。初版は明治23年。

② **イサベラ・バード**（Isabella. L. Bird 1831-1904 イギリス）著、『日本奥地紀行』高梨健吉訳、*Unbeaten Tracks in Japan*。女性旅行家イサベラ・バードは明治11年6月から9月にかけて約3ヵ月、東京から北海道までの旅行をこころみ、本論では東北地方での日本の風習、風俗、家庭生活についての見聞、記録を参考とした。

③ **E. S. モース**（E. S. Morse 1835-1925 アメリカ）著、『日本その日その日』石川欣一訳、*Japan Day by Day*。1877年から約4年間、東京大学教授職としての日本滞在記録。

④ **C. ムンチンガー**（C. Munzinger 1864-1937 ドイツ）著、『ドイツ宣教師の見た明治社会』生熊文訳、*Die Japaner*。自由キリスト教派宣教師として1890年から約5年間の日本での滞在記録。

⑤ **R. オールコック**（R. Alcock 1809-97 イギリス）著、『大君の都』山口光朔訳、*THE CAPITAL OF THE TYCOON*。東洋学者、江戸末期の駐日総領事。1859年から62年までの幕末期の日本滞在記録。

⑥ **W. E. グリフィス**（W. E. Griffis 1843-1928 アメリカ）著、『明治日本体験記』山下英一訳、*The Mikado's Empire*（Book II）。アメリカのグラマー・スクールで化学と理科を教える。福井藩からの招聘を受け、明新館で理科学を教える。1870年から74年までの日本滞在記。

⑦ **G. ブスケ**（G. Bousquet 1843- 没年不詳 フランス）著、『日本見聞記』野田良之・久野桂一訳、*Le Japon nos jours*。パリ控訴院の弁護士で日本政府の招聘で法律関係の顧問役として、1872年2月から76年3月までの日本滞在記。

⑧ **L. ハーン**（L. Hearn 1850-1904 アイルランド）著、『日本瞥見記』平井貞一訳、*GLIMPSES OF UNFAMILIAR JAPAN*。ハーン（小泉八雲）の

1890年から1894年までの日本瞥見記録。

⑨ **J. J. ライン**（J. J. Rein 1835-1918 ドイツ）著、*Japan*。マルツブルク大学教授でプロシャ政府からの援助で来日（1874-75滞在）。探訪、旅行記で、日本の工業、農業、商業、林業及び風俗全般の記述がなされている。

⑩ **A. M. ベーコン**（A.M. Bacon 1858-1918 アメリカ）著、*Japanese Girl and Women*。階層の高い日本の女性、女子の家庭生活の記述が多いが、庶民の家庭生活も記述している。日本人の子ども観についてもふれている。

(3) 一家団欒に関係する記述、表現の抽出

① 子ども観・大人の子どもへの関わりに関する叙述

1. 私はこれほど自分の子どもをかわいがる人々をみたことがない。子どもを抱いたり背負ったり、歩く時には手をとり、子どもの遊戯をじっと見ていたり、参加したり、いつも新しい玩具をくれてやり、遠足や祭りに連れて行き、子どもがいないとつまらなそうである。他人の子どもに対しても適度に愛情をもって世話をしてやる。父も母も自分の子どもには誇りをもっている。見て非常におもしろいのは毎朝六時ごろ、十二人か十四人の男たちが低い堀の下に集まって腰を下しているが、みな自分の腕の中に二歳にもならぬ子どもを抱いて、かわいがったり、一緒に遊んだり、自分の子どもの体格と知恵を見せびらかしていることである。その様子から判断すると、この朝の集会では子どものことが主要な話題となっているらしい[4]。

2. 幼い子ども達はくびから紐でお守り袋（amulet）をかけたままの裸姿である[5]。

3. 昨晩、隣の家で二歳半の子どもが魚の骨を呑み込んでしまい、一日中泣きながら苦しんでいた。母親の嘆きを見て伊藤はすっかり気の毒がり、私を連れていって子どもをみせた。母親は十八時間もうろうろしていたが、子どもの喉の中を調べることに少しも思いが及ばなかったとい

う。私が喉の中を調べることを、たいそう嫌がっていた。骨はすぐ見えたので、レース編みの針で簡単に取りのぞくことができた。一時間後に母親がお盆にたくさんの餅菓子と駄菓子をのせて贈り物としてよこした[6]。

4. 子ども崇拝（cultus）は猛烈なもので、あらゆる種類のお面や人形、いろいろな姿に固めた砂糖、玩具、菓子類が地面に敷いた畳の上に売り物として、並べられている。日本ではどんな親でも、祭りにいけば子どもに捧げるための供物を買うであろう[7]。

5. ここでは今夜も、他の幾千ものむらむらの場合と同じく、人々は仕事から帰宅し、食事をとり煙草を吸い、子どもを見て楽しみ（enjoyed their children）、背に負って歩きまわったり、子ども達が遊ぶのを見ていたり、藁の縄を編み、草鞋を作り、竹をさき、蓑を編んだりしている。〈中略〉家は貧しくとも、彼らは家庭を楽しむ。すなわち、ともかく子どもが彼らを魅了しており、……[8]。

6. 男の子の祝祭日は五月五日に行なわれる。そのとき町や村は巨大な紙や木綿の鯉で飾られる。〈中略〉これは鯉が急流を元気よく登ってゆくのと同じように、丈夫な少年があらゆる困難を乗り越え、世の中を進み幸運と名声をつかむようにとの親の願いからである[9]。

図 3-2-2 「農民」
須藤功編『【図集】幕末・明治の生活風景　外国人のみたニッポン』農村漁村文化協会、1997 年、41 頁より。

7. わたしは世界中に日本ほど赤ん坊のために尽くす国はなく、また日本の赤ん坊ほどよい赤ん坊は世界中にないと確信する[10]。
8. それは日本が子供達の天国だということである。この国の子供達は親切に取り扱われるばかりではなく、他のいずれの国の子供達よりも多くの自由を持ちその自由を濫用することはよりすくなく、気持ちの良い経験のより多くの変化をもっている。赤ん坊時代にはしょっちゅう、お母さんなり他の人なりの背にのっている。刑罰もなく、咎めることもなく、五月蠅く愚図愚図いわれることもない。日本の子供がうける恩恵と特典から考えると、彼らは如何にも甘やかされて増長して了いそうであるが、而も世界中で両親を敬愛し老年者を尊敬すること日本の子供に如くものはない。汝の父と母とを尊敬せよ…これは日本人に深くしみ込んだ特性である[11]。
9. 私は日本人が、子供達に親切であることに、留意せざるを得なかった。ここに四人、忙しく勘定をし、紙幣の束を調べ、金を数え等しているその真ん中の、机のすぐ前に、五、六歳の男の子が床に横たわって熟睡している。彼等はこの子の身体を超して、何か品物を取らねばならぬことがあるのに、誰も彼をゆすぶって寝床へ行かせたりして、その睡眠をさまたげようとはしない[12]。
10. 赤ん坊は泣くが、母親達はそれに対して笑うだけで、本当に苦しがっている時には同情深くお腹を撫でてやる[13]。
11. 日本は確かに子供の天国である。そしてうれしいことには、この種の集まりのどれでも、またいかなる時にでも、大人が一緒になって遊ぶ[14]。
12. 日本は子供の天国だ。絶対とはいえないが、決して子どもを叩かない。〈中略〉子供の心に語りかけることが鞭より効果のある教育法とされているのである[15]。
13. 日本の親たちは、子どもに対してけっして暴君的な真似はしない。みんな猫可愛いがりに可愛いがって、だましたりすかしたりして、子どもにはむりに何か押しつけたり、おどしつけたりするようなことはめったにしない[16]。
14. 日本はまた小児と老人とに対し無常の親切と注意とをもって好遇する

土地なり[17]。

15. ほとんどの女はすくなくともひとりの子どもを胸に、そして往々にしてもう一人の子どもを背中につれている。この人種が多産系であることは確実であってまさしくここは子どもの楽園である[18]。

16. 子どもは歩けるようになるまで母親の背中に結び付けられているのが常である[19]。

17. 子どもの守り役は母親だけとはかぎらない。江戸の街頭や店内で、はだかのキューピッドが、これまたはだかに近い頑丈そうな父親の腕にだかれているのを見かけるが、これはごくありふれた光景である。父親はこの小さな荷物をだいて、見るからになれた手つきでやさしく器用にあやしながら、あちこちを歩きまわる[20]。

18. 判断しうるかぎりでは、両親と子どものあいだの愛情にも、なんら欠けている点はない。しかしこの問題についても、われわれはまだこれから多くのことを知っていかなければならない。親子の愛情が欠けていることはないようである。子どもを愛する器官（もしそんな器官があると

図3-2-3　火鉢を囲む子ども達に、おばあさんはお話をする

W. E. Griffis, *The Mikado's Empire*, (NEWYORK: HARPER & BROTHERS, FRANKLIN SQUARE, 1886), p. 489.

すれば）はまったく大いに発達しているように思える[21]。
19. 「日本は子供の天国である」と英国の旅行者サー・ラザフォード・オールコックが巧みに言った。子供たちを見ると最もしかめ面をした顔もほころび、子供たちに対しては最もいかめしい顔もゆるむのである。子供たちに人生の初期の苦しさを味わわせないように、すべてが計算されている。離乳ということは知られていない。子供たちは、彼らが走り回り、とび回り、他の食物を一層ほしがるようになる年齢まで、乳をすうがままにされている。母親はいつでも子供たちの渇きと同時にその泣き声を鎮める用意をしており、稀には乳母に助けを求める。多くの子供が賢明な心くばりが欠けているために死んでいく。だが献身が欠けているからではない[22]。
20. 鬼子母神の顔は、美しい女性の顔をしている。〈中略〉参拝者に圧倒的に珍しいという印象をあたえるものは、じつにそこにあるさまざまな奉納品なのだ。厨子の前に高い柱をたてて、それに張りわたした綱に、何十、いや、何百という美しい小さな着物——色とりどりな日本の子どもの着物がずらりと吊してある。その着物が、どれもたいてい、安物の布地で仕立ててあるのは、つまり、これらの奉納品が、ごくまずしい質素な女たち、——貧乏な田舎の母親たちが、わが子のために願った念願が聞きとどけられたそのお礼に、鬼子母神に捧げられたものばかりだからである[23]。
21. オールコック氏の本の中で最も楽しい表現の一つは「日本は子どもの天国である」であった[24]。
22. この問題（日本の子供の遊戯と競技を指す）を研究する人は、日本人が非常に愛情の深い父であり母であり、また非常におとなしくて無邪気な子供を持っていることに、他の何よりも大いに尊敬したくなってくる。子供の遊びの特質と親による遊びの奨励が子供の方の素直、愛情、従順と、親の方の親切、同情と大いに関係がありそしてそれらが日本では非常にきわだっていて、日本人の生活と性格のいい点の一つを形成していると私は思う[25]。
23. 疱瘡が近所ではやり親は子供にどうしてもそれにかからせたくないと

思うと、子供の留守中に家の前に何か書いた札をはる。これが疱瘡を防ぐと言われている[26]。
24. 母性愛、優しい心、気づかい、がまん強さ、辛抱などにおいて、日本の母親は、他の国の母としての悲しみや喜びを知っている親と比べても何も恐れる必要はない。子供の教育者としての日本の女性は才能と知識の許す限り子供の養育に細心の注意を払い心をこめてやさしく身を粉にしてつくすことでは、いかなる文明国の母親にも優るとも劣らない[27]。
25. それぞれの子どもは成長するにつれて様々なお守りを収集するがそれは遊興時や日常生活の危険に対して非常に重要なものである。これらは子どもの生活につきまとう多くの災いに対する守護として母親により注意深く持たされる[28]。

② **家族交流に関する叙述**
1. このみじめな道具は行燈とよばれる。このみじめな「見える暗やみ」のまわりに家族一同が集る（the family huddles）。子ども達は遊戯や学校の勉強をするし、女たちは縫い物をする[29]。
2. 夜になり、家を閉めてから引き戸をかくしている縄や籐の長い暖簾の間から見えるのは、一家団欒（the bosom of his family）の中に囲まれてマロ（ふんどし）だけしかつけていない父親が、その醜いが優しい顔をおとなしそうな赤ん坊に寄せている姿である。母親はしばしば肩から着物を落とした姿で、着物を付けていない二人の子どもを両腕に抱いている[30]。
3. 夜になると部屋は陰欝になるほど暗い。小さな皿に入った油と植物の髄の燈心とが紙の燈篭の中で弱々しく光っている。人はすくなくとも燈篭を発見することはできる。この周囲にかたまり合って家族が本を読んだり、遊技をしたりする[31]。
4. 日本の家庭の火鉢はちょうど西洋の家庭の炉辺にあたる。火鉢のまわりで友達が会う。家族が集まる。親が相談する。子供が遊ぶ。猫がのどを鳴らす。幼子は乳母や祖母からおとぎ話や家につたわる話を聞く[32]。
5. お茶屋や寺院の美しく整った環境のもとでの人気のある草花が満開の

時、休日に人々の一群がその美しい景色を見るために装って出かけるのを見るのは楽しい光景である。老いも若きもその顔には幸福と楽しさが映し出されている。それは多くの大人達がお茶や暖かい水や刻みたばこを嗜む一方、絶えまなく子ども達を楽しませることに時間をさいたり、ゲームを一緒にしたり、美味しい食事を準備したりしている[33]。

③ 一家団欒に関係が強い家庭生活全般（居間、食卓、遊興）の叙述
1. 日本人が早起きするのも不思議ではない。晩は灯火が暗くて楽しみがないからである[34]。
2. 夕暮になると大人たちは帰ってくる。そこであたりはいっそう活気づいてくる。〈中略〉それが終わると、幼い子ども達を抱いたり、一緒に遊んだりする。年長の子ども達は、高い単調な鼻声で明日の学校の予習している。暗くなると、窓や雨戸が閉められ神棚の前に灯火がとも

Father and Children.

図3-2-4　父と子ども達

W. E. Griffis, *The Mikado's Empire*, (NEWYORK: HARPER & BROTHERS, FRANKLIN SQUARE, 1886), p. 450.

され夕食を食べる。子ども達は行燈のまわりで静かに遊戯する。十時ごろに、蒲団や木枕が押入れから取り出されて、一家は一つの部屋に横になって眠る[35]。
3. 子ども達は両親と同じようにおそくまでおきていて、親たちのすべての話の仲間にはいっている[36]。
4. 家族の各員がそれぞれ小さい漆の膳で食事する家庭では、マホガニーの食卓（dining-table）も不要である[37]。
5. 日本人は夜に何をしているのか、長い冬の夜をどう過ごしているのか、不思議がる外国人は多い。晴れた夜、特に月夜には大人はほとんど外に出、子供も大勢ついていく。冬の夜、日本の家庭では子供は遊戯をして楽しんだり、大人のおもしろい話を聞く[38]。

（4） 外国人の見た明治初期、中期の家庭生活・親子関係・一家団欒

前述した記述をみる限り、明治の初期に来日した外国人の多くは、日本人の親子関係について極めて高い評価をしており、庶民階層においても子どもが大切にあつかわれていたことがわかる。そこには、決して物質的豊かさが用意されていたものではないが、親が子に対して極めて自然な愛情をかけていることが理解できる。また、質素な炬燵や囲炉裏であっても、家族がその周囲に集まり、親子の睦まじい会話や飲食等、親和的な交流があったことを容易に想像させる。この風景はまさしく経済的な後押しが少ないが、楽しい雰囲気の中に家族が集う情景という意味で一家団欒のある家庭生活と言えるだろう。

ただ、このような家庭生活が明治期のどのあたりまで続いたかは定かではない。明治期中期、後期からの多産に伴う家庭経済の逼迫は、上記のような親和的な家族的交流に少しずつ暗い影を落としていったのではないだろうか。

注

（1） 本節（初出）は拙稿「家庭生活における一家団欒の社会史的考察（2）」『梅光女学院大学論集27号』97-108頁、平成6年を基に加筆訂正を加え記した。

(2) 外国人を通じての引用は有地亨氏の『日本の親子二百年』新潮社、昭和61年や、中谷君恵氏の『子育ての書』三一書房、1986年を参照した。
(3) P. Ariès, *Histoire des population française et de leurs attitudes devant la vie depuis le 18ᵉ siècle*. 中内敏夫・森田伸子編訳『教育の誕生』新評論、1983年、95頁。
(4) Isabella. L. Bird, *Unbeaten Tracks in Japan*,（JOHN MURRAY,1905), p. 75. 高梨健吉訳『日本奥地紀行』平凡社、昭和48年、86頁。
(5) Isabella. L. Bird, *Ibid.*, p. 86, 98.
(6) Isabella. L. Bird, *Ibid.*, pp. 103-04, 120.
(7) Isabella. L. Bird, *Ibid.*, p. 171, 195-196.
(8) Isabella. L. Bird, *Ibid.*, p. 185, 211.
(9) B. H. Chamberlain, *Things Japanese*,（KELLY & WALSH、LIMITED,1905), p. 93. 高梨健吉訳『日本事物誌1』平凡社、昭和44年、118頁。
(10) E. S. Morse, *Japan Day by Day*, vol. 1, HOUGHTON MIFFLIN COMPANY, BOSTON, 1917, p. 10. 石川欣一訳『日本その日その日（1巻）』平凡社、昭和46年、11頁。
(11) E. S. Morse, *Ibid.*, p. 41, 37-38.
(12) E.S.Morse, *Ibid.*, p. 228, 202.
(13) E.S.Morse, *Ibid.*, p.245, 216.
(14) E.S.Morse, *Ibid.*, p. 299., vol. 2, pp. 18-19.
(15) C. Munzinger, *Die Japaner*, Berlin, 1898. 生熊文訳『ドイツ宣教師の見た明治社会』新人物往来社、昭和62年、124頁。
(16) L. Hearn, *GLIMPSES OF UNFAMILIAR JAPAN*,（CHALES E. TUTTLE COMPANY, 1990), p. 339. 平井貞一訳『日本瞥見記』1975年、恒文社、437頁。
(17) 大日本文明協会編『欧米人の日本観』大日本文明協会、1066頁。
(18) R. Alcock, *THE CAPITAL OF THE TYCOON, LONDON*:（Longman, Green, Longman, & Green, 1863)p. 82. 山口光朔訳『大君の都（上）』岩波文庫、1962年、152頁。
(19) R. Alcock, *Ibid.*, p.121, 201.
(20) R.Alcock, *Ibid.*, p.122, 201.
(21) R.Alcock, *Ibid.*, vol. 2, p. 251., 下巻138頁。
(22) G. Bousquet, *Le Japon de nos jours*, vol. 2, 1877. 野田良之・久野桂一訳『日本見聞記』みすず書房、1977年、97頁。
(23) L. Hearn, *Ibid.*, p. 97, 141.
(24) W. E. Griffis, *The Mikado's Empire*,（NEWYORK: HARPER & BROTHERS, FRANKLIN SQUARE, 1886), p. 452. 山下英一訳『明治日本体験記』平凡社、1984年、152頁。
(25) W. E. Griffis, *Ibid.*, p. 465, 164.
(26) W. E. Griffis, *Ibid.*, p. 468, 167.
(27) W. E. Griffis, I*bid.*, p. 559, 274-275.
(28) A. M. Bacon, *The Japanese Girls and Women*, GAY and Bird Press, 1905, pp. 32-33.

(29) Isabella. L. Bird, *op. cit.*, p. 73, 84.
(30) Isabella. L. Bird, *op. cit.*, p. 75, 86.
(31) E. S. Morse, *op. cit.*, vol. 1, p. 183, 162.
(32) W.E.Griffis, *op. cit.*, p. 491, 190.
(33) J. J. REIN, *JAPAN*, Hodder and Stoughton, 1884, p. 426.
(34) Isabella. L. Bird, *op. cit.*, p. 73, 84.
(35) Isabella. L. Bird, *op. cit.*, p. 74, 85-86.
(36) Isabella. L. Bird, *op. cit.*, p. 75, 86.
(37) B. H. Chamberlain, *op. cit.*, p. 36, 32.
(38) W. E. Griffis, *op. cit.*, p. 456, 156.

参考文献

池田政敏『外人の見た幕末・明治初期日本圖會』春秋社、昭和 30 年。
須藤功編『幕末・明治の生活風景、外国人のみたニッポン』農山漁村文化協会、1997 年。
藤島亥治朗監修・日本風俗史研究会編『日本生活変遷史』内外タイムス社、昭和 34 年。
南博編『近代庶民生活誌』三一書房、1987 年。

第3節　明治期の家庭生活・親子関係・一家団欒[1]

　幕末から明治中期にかけて政治的に活躍した、英国公使館書記アーネスト・サトーの「貧困だが一様に幸せそうだ[2]」という叙述に代弁されるように、来日した多くの外国人は明治期初期から中期の日本の親子関係、子どもの様子を肯定的に捉えていたが、明治期後半部も含めて、明治期全般においてどのような親子関係が営まれていたのであろうか。

　前節で紹介したように外国人の多くは親子関係のありかたや、関わり方等の質的側面を捉えて、肯定的な評価を残した。そこで本節では、当時の「人口構成」や「児童労働」、「民俗学的な当時のエピソード」から、一家団欒の営みの可能性を探りながら、明治期全般の家庭の教育力を家庭生活や親子関係から考察する。

(1) 子どもがおかれた状況

　明治維新という政治的な大変革があっても、庶民の家庭生活の親子関係の質的ありかたが急に変わるわけではないが、多産、工業化、制度的変革のそれへの影響は長・短所含め、少なくなかったと考える。医療や保健制度の充実が家庭生活全般の改善に大きく寄与したこともあるが[3]、一般論として、文化文政期からの人口増加や[4]、維新以降の工業化の影響により、家庭生活全般は江戸期のそれよりも非常に切迫したものになったと考えてよいのではないか[5]。

　人口増加についていうと、江戸期にはその土地のもつ生産力にみあった子ども数を産児制限等から維持していたと考えられるが[6]、幕末期少し前あたりから、子どもを育てるだけの経済的基盤以上に急激な人口の増加があったのではないか。例えば明治維新時と終戦時の人口を比べると3300万人から7200万人にまで増加しており、明治36年においては総人口4670万でそのうち14才未満は3130万人にものぼっていた[7]。

　表3-3-1、表3-3-2は明治から現代までの普通出生率や乳幼児死亡率等、出生コーホート別妻の出生児数割合及び平均出生児数を示したものである。明治

期初期の詳細な数値は明らかではないが、明治期中期頃からの普通出生率の上昇や、乳幼児死亡率の高さ、また平均出生児数が約5人という数値をみると、親の子どもへの経済的、福祉的援助は物理的に手薄になると仮説してよいのではないか。このような状況から明治初期は別にして明治期中期以降の一部の子どもを取り巻く家庭環境は極めて不安定なものになっていったと推察する。

表 3-3-1　明治から現代にかけての普通出生率、合計特殊出生率、乳児死亡率等

年次	1873	1880	1890	1900	1910	1920	1930	1940	1947
普通出生率	23.1	24.1	28.7	32.4	34.8	36.2	32.4	29.4	34.3
合計特殊出生率	-	-	-	-	-	-	4.72	4.12	4.54
普通死亡率	18.9	16.5	20.6	20.8	21.6	25.4	18.2	16.5	14.6
乳児死亡率	-	-	-	155.0	161.2	165.7	124.1	90.0	76.7

年次	1950	1960	1970	1973	1980	1990	2000	2004
普通出生率	28.1	17.2	18.8	19.4	13.6	10.0	9.5	8.8
合計特殊出生率	3.65	2.0	2.13	2.14	1.75	1.54	1.36	1.29
普通死亡率	10.9	7.6	6.9	6.6	6.2	6.7	7.7	8.0
乳幼児死亡率	60.1	30.7	13.1	11.3	7.5	4.6	3.2	2.8

（注）普通出生率、普通死亡率は人口 1000 対、乳児死亡率は出生 1000 対である。
出典：縄田康光「歴史的に見た日本の人口と家族」『立法と調査』No. 260、2006 年より。

表 3-3-2　出生コーホート別、妻の出生児数割合及び平均出生児数
　　　　：1890 年以前～ 1957 年生まれ

出生コーホート	調査年次	調査時年齢	出生児数割合 (%) 無子	1人	2人	3人	4人以上	平均出生児数
1890 年以前	1950	60 歳以上	11.8	6.8	6.6	8.0	66.8	5.0
1891 ～ 1895	1950	55 ～ 59 歳	10.1	7.3	6.8	7.6	68.1	5.1
1896 ～ 1900	1950	50 ～ 54 歳	9.4	7.6	6.9	8.3	67.9	5.0
1901 ～ 1905	1950	45 ～ 49 歳	8.6	7.5	7.4	9.0	67.4	5.0
1911 ～ 1915	1960	45 ～ 49 歳	7.1	7.9	9.4	13.8	61.8	4.2
1921 ～ 1925	1970	45 ～ 49 歳	6.9	9.2	24.5	29.7	29.6	2.9
1928 ～ 1932	1977	45 ～ 49 歳	3.4	10.7	46.1	28.3	9.5	2.3
1933 ～ 1937	1982	45 ～ 49 歳	3.6	10.7	54.0	25.6	5.7	2.2
1938 ～ 1942	1987	45 ～ 49 歳	3.0	10.0	54.9	26.6	5.7	2.2
1943 ～ 1947	1992	45 ～ 49 歳	3.8	8.9	57.0	23.9	5.0	2.2
1948 ～ 1952	1997	45 ～ 49 歳	3.2	12.1	55.5	24.0	3.5	2.1
1953 ～ 1957	2002	45 ～ 49 歳	4.1	9.1	52.9	28.4	4.0	2.2

出典：縄田康光、同上 98 頁。

加えて桜井庄太郎が『日本児童生活史』でとりあげている工業化に伴う、子どもの劣悪な児童労働という事実からも、一部の子どもの生活環境の悪化が想像できる。

それは明治期に入ってからの急激な人口増加を、農村部だけで支える生産性は無かったため、農村部の大人や子どもの余剰人口は都市部での工場労働者として吸収されたということである[8]。そこでの労働条件の劣悪さは言うまでもなく、横山源之助の『日本の下層社会』で示されているとおり、工場における児童労働という現実は一部の子どもにとっては、きわめて厳しい環境にあったことが理解できる。また同じ主旨の名著である松原岩五郎の『最暗黒の東京』でも一部の子ども達の置かれた凄まじい生活環境が綴られている[9]。

表3-3-3は明治からの家庭生活や子どもに関わる歴史的エピソード、制度の改変等である。明治初期から中期にかけては子どもの生死に関わる医療・保健衛生上の問題がまだまだ未整備、未解決であったことがよくわかる。伝染病予防をはじめとした、保健衛生環境の整備は徐々に改善されてはいくものの、前述の乳幼児死亡率などを併せて考えると、少なくとも明治期末までは生と死が隣り合わせの時代であった。明治期中期頃からは、幼年労働者問題が顕在化し、都市部の紡績工場、燐寸工場等で郷里を離れた子ども達が家庭生活とは全く無縁に生きる実態が浮き上がる。

このように明治期に入り一部の子ども達にとっては親からの庇護とは無縁で、小さな身体で親や家庭を支える現実があり、家庭の和楽はいうに及ばず、地域社会の支援からも疎遠な子どもが数多くあらわれてきたのではないだろうか。

柳田国男の著名な「山の人生」の中でも明治期の名も無き一人の男の人世苦、悲惨な家庭生活のエピソードが紹介されている[10]。少し長くなるがそのエピソードを引用したい（一部翻訳）。

　　世間のひどく不景気であった年に、西美濃の山の中で炭を焼く五十ばかりの男が子どもを二人まで鉞（まさかり）で斫（き）り殺したことがあった。女房は既に死去しており、あとには十三になる男の子が一人。そこへどうした事情であったか、同じくらいの小娘を買ってきて山の炭焼き小屋で一緒に育て山里に降りては炭を売り生計をた

表 3-3-3　明治期の家庭生活関連事項年表

明治・年	事　項
元年	堕胎の禁止　※愛知県大雨　草の根、木の皮を食いつくす、餓死者多数
3年	貧困家庭の子ども外国に売り渡される事件続発
	三陸地方の堕胎、間引き、捨て子の多さから育児法制定　※種痘法施行
4年	捨て子の数を大蔵省が定期的に調査する　※種痘所を東京に設置
5年	児童の人身売買の禁止　※日曜休日制実施　※都市部ランプ使用普及
	弟子奉公年限満7年以下とする　※横浜に育児院開設　※学制発布
6年	第三子出生の貧困者へ養育費支給　※妻の離婚請求権認可　※太陽暦採用
	捨て子に対する養育米は米代で支給
8年	天然痘死亡者4ヵ月弱で3377人
9年	全国の捨て子、男2151名、女1938人　※日曜全休、土曜半休の令
10年	コレラ流行、死者7976名
11年	マッチ製造の東京・精良社事業拡大で10～15才の女工300人募集
12年	電燈点火（神戸）※水道改良（東京）※公衆衛生という語が日本で初めて使われる
	東京の捨て子、昨年3393人、15年度3504人　※新潟ほか各地で困窮者が米商襲う
13年	米価の高騰で、東京から上州の機織り女工になるもの急増、いずれも15才以下少女
16年	大阪紡績会社設立、深夜業開始、以後紡績の夜業一般化　※大阪・徳島で黄燐マッチの摺附木による子ども中毒多発　※高知県で博愛園設立、堕胎圧殺防止運動実施
17年	全国的凶作、米価下落、農民騒動多発　※不況により全国で賃金下落
	全国的飢饉、飢饉で島民全滅に近し（甑島）、凶作のため捨て子1364人と最高
18年	コレラ流行、死者10万8405人　※飢餓民約8万人（徳島）、ハワイへ出稼ぎ950人
	うち子ども100人、不景気で滋賀県の元士族の妻や娘で妾になるもの続出
19年	伝染病が大流行、天然痘で約18600人、腸チフスで約13800人死亡
	甲府の女工、取締りの苛酷、賃金引き下げ等で、同盟罷業
	物乞い時に同情を得る「子を貸し家」が登場、賃料1日5銭～8銭
20年	電気燈に点火　この年捨て子5777人　※天然痘流行死者9967人
	山梨製紙工場の女工が取り締まりの厳しさに逃亡、残るものも待遇改善スト
21年	神戸市内70余軒に電燈点火　※水道工事に着手（神戸）
22年	山形県の私立小で日本初学校給食（欠食児童の弁当盗難多発のため）
	母親向け近代的育児書『ははのつとめ』刊　※子供向け雑誌「少国民」刊
23年	鉱業条例制定、14歳以下の少年坑夫女工の就業時間等の制限するも効果小
24年	熊本、札幌で初めて電燈　※津市の歯科医が小学校児童の検診始める
	神田にパノラマ館開業、大人6銭子ども4銭、毎夜11時まで
25年	天然痘死者8409人　※大阪紡績会社、夜業中火事で女工逃げ場なく95人死亡
26年	初等義務教育就学率50%　※赤痢の死者4万1284人
27年	赤痢、天然痘この年も大流行
29年	愛知・尾張の紡績女工900人余りが集団脱走　※赤痢で2万2536、腸チフス9714人死亡
	女子の出稼ぎ（紡績工場）盛んになる・岐阜　※伝染病予防の為各市町村に隔離病舎設置
30年	※伝染病予防法制定、国内防疫制度の完成　※11歳未満の紡績工場職工1067人
	貧民の生活困窮深刻、雑穀・野菜の常食者増加
31年	マッチ工場での幼年労働者問題報告
32年	東京市養育院、捨てられても歩行可の子を迷い子と規定
33年	大阪毎日「家庭の栞」欄を設ける　※甲府市、山形市、長野県下諏訪、小倉市に電気つく
	これより各新聞「家庭」欄設ける　※水道完成・神戸※義務教育4年無償制確立
35年	福岡、岡山県でコレラが大流行　※工場法案立案、職工の最低年齢11歳とする
	14歳未満幼年労働者全国で約6万5千人、全体の13.1%
36年	宇都宮市小学校児童トラホーム罹患860人　※映画常設館開設　※日本全人口4670万のうち14才未満3130万人　※沖縄の糸満、前借金で子ども（7～15）買取、漁業で酷使
38年	東京ペスト予防ネズミ買い上げ、年間122万6千匹
	※愛知・岡崎の紡績工場、10才女工月給8円、17時間労働
39年	東北地方凶作困窮者34万8千人、宮城県教育会東北地方の学童救済で全国に檄発する
	東北地方凶作、児童の収容保護行われる
40年	民間里親制度として東北の孤児、神戸の篤志家に　※盛岡、茨城等に私立育児院設立
41年	東京市養育院の収容児の559人のうち捨て子330人、迷い子84人

柳田国男編『明治文化史・風俗編』洋々社、昭和29年、531-585頁、及び下川耿史著『近代子ども史年表』河出書房新社、2002年、及び下川耿史著『明治・大正家庭史年表』河出書房新社、2000年、及び桜井庄太郎『日本児童生活史』復刻版、昭和57年、229-236頁を参照し作成。

ていた。が、ある年、炭が全く売れず一合の米も得られないで山に戻ることになってしまった。飢えている子どもの顔をみるのがつらく、そのまま小屋の奥で昼寝をしてしまった。夕方起きると、子ども達が大きな斧を研いでおり、「阿爺(とう)、これで私達を殺してくれ」と言い、自ら材木を枕にして二人ながら仰向けになり寝た。男はそれを見て前後の考えもなく二人の首を打ち落としてしまった。

このエピソードはどこまでも、明治初期の日本の地方の一家庭の出来事にすぎないが、当時の地方の貧窮した家庭の現実を象徴するものである。
　また、宮本常一（1907-1982）の『家郷の訓、「私の家」の項』などからも明治期の地方の家庭生活の厳しさが、氏の故郷の祖父や両親の履歴を通してなまなましく再現されている[11]。そこでは氏の祖父の明治12、3年から、17、8年にかけての不作と、不景気の時代のエピソードがあげられているが、例えば、就寝時の様子として、

　　その頃は竹のすのこで、その上に筵(むしろ)をしき、寝る時に蓙(ござ)をしき、身体の上にドンタをかけるか、うすい蒲団をかける程度であった。冬分はいろりに火をたき、いろりのそばで、背中をあぶりながらごろりとねたという。これは私の家だけではなく、貧しい家の一般の風だった。

といったものであった。氏の著述の中では、当時の厳しい経済、福祉環境においても、祖父母や父母の子に対する切実な想いも数多く叙述されているが、おおむね地方の農山漁村の庶民家庭の実態は以上のようなものであったのであろう。
　このように、人口構成、児童労働、民俗学的エピソードの観点から当時の様子を推察すると、一つは、明治期に入っても、家庭の生産力にみあった生活を営む庶民層で、幕藩体制時代同様、貧しくとも親の視線が子どもに注がれた家庭生活の存在である。一方、都市部や地方農山漁村地域の一部の庶民家庭では、時代がすすむにつれ、都市化、工業化及び多産といった社会潮流にのみこまれ、経済的逼迫による崩壊家庭が増えたことも否めないであろう。したがって外国人が見た明治期前半の一部の光景とは対照的な家庭が明治期中期以降に

顕在化してきたことが推察できる。

(2) 明治期の一家団欒の実態、可能性

　明治期の子どもがおかれていた状況を考慮しつつ、家庭生活において一家団欒が営為される可能性について考えたい。ただ一家団欒という用語がどこまでも日常用語なので、様々な識者が考える一家団欒と本稿で規定した一家団欒の概念との若干のずれも含んだ上での考察となる。

　例えば、宮本常一の『日本の中央と地方』の著述の中に[12]、「団欒」が営まれる条件を示唆した箇所がある。それは、家の中にも階級的な身分差がみられる上層階級では、いわゆる団欒的な空気は少なかったのではないかというものである。

　家永三郎も『日本文化史』の「江戸時代の封建秩序の固定」を述べている一節で庶民家庭の親和的関係の可能性を記している[13]。それは家父長制度の中での家族間の人間関係についての言及であるが、「財産と称するに足りる程のものが全くなく、夫婦の共同労働によって生活するほかない下層の商人や百姓の場合は少しく違っていたけれど、武士なら俸禄、商人なら店舗、農民なら土地という家父長の占有する固定財産によって生活を支えている人たちの家庭ではその財産権の唯一の相続者である家父長の他の家族に対する権威、というよりはその財産を世襲する『家』の権威が絶対的であり、家族は皆それに隷従することを強制されたのである」といったものである。つまり、皮肉なことだが財産の無い庶民家庭はどこまでもその制度の外にあり、時代を超えて家族観の権威や隷従といった非人間的関係とは無縁で、家庭生活全般においても家族の親和的関係が可能であるという解釈ができる。このことは、明治期に入ってもまだまだ国家的権力が脆弱であった初期においては、多くの家庭が新しい国家的家族観の強制や秩序の外にあり、「一家団欒」の大前提である家族の親和的関係が営まれやすい条件にあったと理解できるのではないか。

　一方で、明治期中期から後期になると明治政府の国家的権威が強まり、義務教育を通じての庶民家庭への戸主・家父長的秩序の喧伝、強制が強まり、庶民家庭においても以前とは少し違った形態の一家団欒が営まれる素地がでてきた

のではないか。例えば国定修身教科書（図3-3-4）で喧伝された一家団欒といったものである[14]。

図 3-3-4　尋常小学校修身掛図（国定第一期）、「家庭の楽」
大空社（復刻版）より

　このように従来からの家族平等の自然な形態での一家団欒に加え、庶民家庭の中にも国家の後押しのある戸主の権威を中心とした一家団欒が営まれるようになったと考える。もちろん経済的裏付けのない戸主・父権は実質的には形式的なものであったと予想できるが、一家団欒が営まれる基本的条件として、家族の親和的雰囲気と想定するならば、家父長的権威の庶民家庭への侵襲は、微妙なかたちで一家団欒の営まれ方に影響を及ぼしたと考える。
　このような状況に加え、新しい社会潮流の中での一家団欒の現出も特記しなければならない。それは明治期後半、都市部の俸給生活者と呼ばれる新中間層

の出現である。専業主婦を中心に子どもに愛情を向け、家庭を守るなかでの一家団欒である。今日の一家団欒に最も近いかたちのものと言えるだろう。ただ、これらの一家団欒も、明治期後期の時点では、まだまだ希少で、都市部のほんの一握りの階層の営みであったと考えられる。

　明治35年に『家庭の新風味』という新中間層を対象とした雑誌が公刊されているが、その内容はまさしく家庭の和楽、一家団欒を喧伝、賞賛する内容のものであった。ただ、責任編集者である堺枯川がその公刊理由を述べており、それは新中間層への民主的家庭形成への啓蒙のためのものであるとしている。またその内容も堺氏が言うように当時においては「最も進歩したる意見および趣味」ということで[15]、このことからも、明治期後半の比較的裕福な新しい中間層であっても家庭の和楽、一家団欒を実践できる家庭はまだまだ少数派であることが推察できる。ただ、ここで堺がイメージした夫婦関係が平等で、協働して子どもを注視する家庭のもとでの団欒は、まさしく今日営まれている一家団欒にもっとも近いものになろう。

　また、中内敏夫は年齢別人口構成の年代別変遷から、その変化を引き起こす人間の深層行動について民衆誌家の「語法」を引用しつつ説明している[16]。それは人口構成が日本においてピラミッド型から釣鐘型に移行したのは準備期が1920年から50年代で、その完成は60年代だとする。そして、この釣鐘型移行の人口構成が意味するところを次のように説明する。要約すると①避妊具、未熟児医療、老人医療、障害者保護等の高度科学が私生活に入り子ども数の制限と不死・長寿のライフサイクルが可能になる、②自然の意思にかわり、人工（人）の意思で大人が子どもをみる見方が変わる、③人々の生死観はすっかりかわり子どもは受胎以前から計画的意図の対象とみなされる、④子どもや青年は子ども・青年一般としてではなく、はじめて固有名詞をともなって発見されその家族のなかでの地位に変化がおこり、結婚や教育にあたって大きな関心の対象となる、という解釈である。きわめてマクロな視点からのものだが示唆に富むものである。つまり、人口構成的にみて、子どもへの注視が可能な釣鐘型が1920年代ぐらいからはじまるとすれば、大正期の半ばごろまでは、子どもを通じての家庭の和楽、一家団欒はまだまだ限られた少数家庭のものであるということになる。

(3) 明治期の一家団欒の変容

さて、様々な観点から明治期初期から中期を中心に一家団欒の可能性を考察してきたが、明治期後期も含め次の三つの形態が想定できる。一つは、社会変化の波をうけ家庭経済は疲弊はしているものの、家父長制の傘にはいらない、貧しいが夫婦平等な家庭生活のもとでの「一家団欒」。二番目は、明治期中期から後期、そして戦前まで続く、家族国家主義的施策のもと家父長的色合いを強めた「一家団欒」。三番目として都市部を中心に明治期中期から後期、そして戦前、戦後と引き継がれる、月給取り・俸給生活者と呼ばれた新中間層が営もうとした「一家団欒」である[17]。それぞれの特徴をまとめると、表3-3-5のようになる。

表3-3-5 想定できる明治期の一家団欒

	団欒の形態	特徴	中心の時期
①	社会体制の影響を受けない最も原初的な一家団欒	経済的に疲弊はしているものの、家父長制の傘にはいらない、貧しいが夫婦平等・協働的な家庭のもとでの一家団欒	明治初期にはまだまだ残っていたと考えられるが中、後期には減少。ただしあらゆる時代で全く消滅することは考えられない
②	庶民家庭だが家父長的雰囲気も加味された一家団欒	家族国家主義的施策のもと戸主・家父長的色合いを含んだ庶民家庭での「一家団欒」	明治期中期から後期、そして戦前、戦後と引き継がれるが、戸主制・父権の衰退とともに減少
③	新中間層・俸給者による一家団欒（地域の縛りを比較的受けない、独立した家族の中での一家団欒）	都市部で月給取り・俸給生活者と呼ばれた新中間層が営もうとした「一家団欒」（理念は夫婦平等・協働的なもとで子どもを注視するものであるが、現実は母子中心で父親不在も多かったと考えられる）	明治期後期、そして戦前、戦後と引き継がれ今日の原型

もちろん現実には、当時の一家団欒がこれらの形態のどれかにあてはまるというのではなくて、内容的に重複する部分もあるし、これらの枠組みにあてはまない形態のものもあったであろう。例えば、経済的疲弊により家族離散し、一家団欒とは無縁の家庭もあっただろうし、国家主義的施策がますます強くなった大正、昭和初期においても、家父長的色合いが希薄な中で一家団欒が営まれていた家庭も存在していたであろう。

このことも含めた上で、明治期初期、中期、後期と分けてその特徴を記すなら、①明治期初期は、家父長的傘下に入らない日本社会に営々と続いていた原初的な親子の情愛に基づく「一家団欒」が残っていたということであり、②中期以降からは、国家施策的な戸主・家父長制が庶民家庭に意識され、形式的には父親の権威が前面に押し出された中での「一家団欒」の現出、③後期から大正期には都市部の俸給者世帯で顕著になってきた、地域社会の縛りから比較的開放された、家族中心・家族水入らずの「一家団欒」ということになる。

注

(1) 本節（初出）は拙稿「明治期初期から中期の家庭の教育力に関する一考察」『大阪商業大学論集第 5 巻 5 号』2010 年、17-26 頁、を基に加筆訂正を加え記した。
(2) Earnest. Satow. 庄田元男訳『日本旅行日記』平凡社、1992 年、92 頁。
(3) 実際には明治期後半ぐらいまで時を要したが、例えば、コレラ・疱瘡の撲滅は明治 41、2 年頃とされている。詳細は速水融『歴史人口学で見た日本（文春新書 20）』文藝春秋、平成 17 年、154 頁参照。
(4) 人口増加についての考察は鬼頭宏『人口から読む日本の歴史』講談社学術文庫、2007 年、219-220 頁を参照。
(5) 桜井庄太郎『日本児童生活史（新版）』日本図書センター、昭和 57 年複製、181 頁参照。
(6) 例えば、参議院常任委員会調査室編・縄田康光「歴史的に見た日本の人口と家族」『立法と調査』参議院常任委員会調査室、No. 260、2006 年、92 頁、また中内敏夫『教材と教具の理論』有斐閣ブックス 635、昭和 53 年、64 頁を参照。
(7) 下川耿史『近代子ども史年表』河出書房新社、232 頁。
(8) 桜井庄太郎、同上、188 頁。
(9) 例えば、松原岩五郎『最暗黒の東京』岩波文庫、1988 年、60 頁参照。
(10) 柳田国男「山の人生」『柳田国男集第 1 巻』169-170 頁、筑摩書房、1978 年。なお、ここでの引用は野口武徳氏の「村の生活と家族」ジュリスト増刊総合特集『現代の家族』1997 年、有斐閣 97-101 頁を参照としている。
(11) 宮本常一『家郷の訓』岩波文庫、1984 年、15-22 頁「わたしの家」「女中奉公」等。
(12) 宮本常一『日本の中央と地方』未来社、1967 年、227 頁。
(13) 家永三郎『日本文化史』岩波書店、1959 年、175 頁。
(14) 図 3-3-4 は『国定修身教科書、尋常小学修身掛図、明治 39 年刊』大空社（復刻版）1990 年より。また、第一学年教師用『尋常小学修身書』「家庭の楽」31-33 頁、明治 38 年を参照のこと。
(15) 堺枯川『家庭の新風味』内外出版協会、明治 35 年、序文。

(16) 中内敏夫『教材と教具の理論』有斐閣ブックス、昭和53年、64-69頁。
(17) 天野正子他編『近代社会を生きる』吉川弘文館、2003年、沢山美果子「家庭という生活世界」224-249頁、及び関口裕子他著『日本家族史』梓出版社、1989年、220頁を参照のこと。

参考文献

磯野誠一・磯野富士子『家族制度』岩波新書、1958年。
鬼頭宏『人口から読む日本の歴史』講談社学術文庫、2007年。
大島美津子『明治のむら』教育社、1997年。
中村吉治『家の歴史』農山漁村文化協会、昭和53年。
中谷君恵『子育ての歴史』三一書房、1986年。
野口武徳「村の生活と家族」ジュリスト増刊総合特集『現代の家族』1997年、有斐閣、97-101頁。
速水融『歴史人口学で見た日本』文藝春秋、平成17年。
横山源之助『日本の下層社会』岩波文庫、1985年。
横山浩司『子育ての社会史』勁草書房、1986年。

第 4 章

聞き書き調査にみる明治期後半から大正、昭和初期の庶民家庭の家庭生活・親子関係・一家団欒と家庭の教育力

　明治期後半は都市部における新中間層の出現や、日本の家庭生活全般が変容をはじめる時期と考えるが、大多数の第一次産業に従事する家庭では、旧態依然とした家庭生活が残存していたと考える。また、その情景は都市部とは少し異なるが、大正、昭和初期（戦時下は別）、戦後の暫くの時期まで続く日本の典型的な家庭の情景ではないだろうか。そこで、本論では明治期後半から昭和初期あたりの、どこにでもありそうな庶民の家庭生活や親子関係、一家団欒の様子を考察するために、農山村漁労民の年長者から聞き書き調査を実施した。また当時の家庭と地域の関係について、人間形成という視点から考察するために、一家団欒が家庭だけではなく近隣・地域集団との絡みでどのように営まれていたかを「正月行事」「三月節句」といった年中行事に焦点をあて考証した。

▼

明治 31 年頃の漁村風景
「漁夫晩帰」（1898）湯浅一郎作　東京藝術大学大学美術館蔵

第1節　漁労民を対象とした明治期後半、大正、昭和初期の庶民家庭の家庭生活・親子関係・一家団欒と家庭の教育力[1]

（1）年長者からの聞き書き調査の主たる方法

① 調査方法
一対一の面接法で、以下の調査対象、質問内容で、もの心つきはじめたころから、小学校卒業時ぐらいまでのことについて、記憶にあることだけを回想してもらった。

② 調査対象地域
対馬、壱岐、響灘、周防灘地域を中心とした島々で、詳細は表4-1-1参照。

表4-1-1　調査地域一覧

・対馬	厳原町 (15)　三津島町 (9)　豊玉町 (6)　上対馬町 (10)　峰町 (4)
・壱岐	郷の浦町 (6)　勝本町 (3)　芦辺町 (3)
・響灘（福岡県）	藍島 (3)
・響灘（山口県）	蓋井島 (9)　角島 (4)　相島 (2)
・周防灘	周防大島（浮島3）　　　　　　　（　）内数字は面談者人数

③ 対象者の属性
当時漁労（半農半漁も含む）を生活の糧とした庶民家庭（経済面）に育った大正、明治生まれの年長者77名（男性58名、女性19名）で以下4-1-2参照。また家族形態は表4-1-3参照。

表4-1-2　年令別人数

明治39年以前(調査時85才以上) 9名　12%	明治40年～44年(80～84才) 12名　16%
大正1年～7年（73～79才） 32名　41%	大正8年～14年(66～72才) 24名　31%

表 4-1-3　家族形態（面談者の幼少時の家族構成）

| 三世代（四世代含む） | 60名 | 78% | 二世代 | 5名 | 6% | その他 | 12名 | 16% |

④　**質問内容**

表 4-1-4　主たる質問内容

```
(1) 一日のライフスタイル（生活習慣、様式等）
(2) 団欒の有無　①夕食時の状況、雰囲気　②夕食後の雰囲気　③家族揃っての遠出
　　　　　　　　④家族の思い出　⑤正月、盆、通過儀礼等
(3) しつけの内容、場
```

⑤　**調査年月と面接者の依頼方法及び「庶民」の規定方法**

a.　調査年月は1990年3月～1992年3月。

b.　情報提供者の選定については、原則地域の福祉協議会や老人会を通じて、家の生業が漁業で、その土地に幼少時から住まいしており、記憶の鮮明な年長者を紹介してもらった。

c.　庶民家庭であるかそうでないかの判断基準は、当時の家屋敷の大きさ、労働形態（日常的に両親が自ら漁業に従事していたか等）、本人の教育歴（8年かそれ以上か）、日常生活の食生活の様子等（例えば、三度三度白飯であった場合は該当しない等）から、聞き書きをする中で判断した。

⑥　**調査全般の方法論上の問題**

　この調査の方法論上の問題は、まず回答者の記憶に関することで、幼少時の記憶をどこまで正確に回想してもらえたかということであった。心理学の記憶の問題に関連してくるが一般論として「快」の感情はより強められ、「不快」

の感情はよりやわらげられるということで、このあたりの記憶のバイアス（偏向、誤差）をどう対処するかという問題である。つまり、当時の家族関係、あるいは家庭の雰囲気が当時の実態よりもより良好なかたちで報告される可能性を有しているということで、この点を考慮して調査結果を概観する必要がある。もう一点は、質問内容が極めて家族間の私的領域に関する事柄であるため、質問内容によっては意識的な虚偽や隠蔽の可能性も考えられる。そこで本調査では不明瞭な回答、またはどうも話をしたくないと思われる項目については、追求質問、想起の助成はできるだけ避け、あえて回答を求めないということで対処した。

(2) 面接結果：漁労民の家庭生活・親子関係・一家団欒・地域との関連・しつけ

① 一日のライフスタイル等

表 4-1-5　起床・就寝時間　（現在の子どもと比較して）

もっと早くから起床していた	46.8%	もっと早くから寝ていた	57.1%
だいたい同じくらい（起床）	29.9%	だいたい同じくらい（就寝）	10.4%
当時の方がゆっくりしていた（起床）	1.3%	遅くまで起きていた	7.8%
よく覚えていない（起床）	22.1%	よく覚えていない（就寝）	24.7%

② 一家団欒の有無

a. 夕食時の状況

表 4-1-6　家族全員が集っていたか？

たいてい集った	94.8%	たいてい集わなかった	0.0%
集ったり、集わなかったり	2.6%	よく覚えていない	2.6%

表 4-1-7　誰を中心にまかなわれていたか？（三世代家族のみ対象）

物理的に			精神的に		
	父	3.4%		父	53.3%
	母	60.0%		母	1.6%
	両親	11.6%		祖父または、祖母	3.3%
	祖父または祖母	5.0%		その他	5.0%
	よく覚えていない	20.0%		よく覚えていない	36.8%

表 4-1-8　夕食時の座席の位置

自然と決まっていたがあまり厳格なものではなかった	53.2%
厳しく決まっていた	16.9%
特段決まっていなかった	24.7%
よく覚えていない	5.2%

表 4-1-9　夕食中の会話について（食事中の会話は禁止されていたか）

食事中、できる限り静かに食べるように言われていた	16.9%
別に、とりたてて厳しく言われることはなかった	54.5%
よく覚えていない	28.6%

表 4-1-10　会話の内容（頻度の高かった内容例、但し要約）

- 先祖を大切にしろということをよく言われた。
- 学校での出来事を親によく話していたと思う。
- 夕食後は暫らくして寝ていたと思う。両親は夜業をしていた。
- 早く食べることが先決だった。
- 学校であったことを話したり、自分の一日の反省なんかを親に話していたと思う。
- 飯を食べる時は静かに食べるように言われていた。
- 両親に話をして食べると叱られた。
- よもやま話をしてくれたと思う。その中で子供のあるべき道をよく言われた。
- 一日の出来事を話したと思う。

表 4-1-11　夕食時の雰囲気（1）

（まあまあ）楽しかった	49.4%
（大体・おおよそ）別に楽しくなかった	7.8%
とりたてて楽しいともいえないが、楽しくないともいえない（普段どおり）	31.2%
楽しい時もあったし、楽しくない時もあった	1.3%
よく覚えていない	10.3%

表 4-1-12　夕食時の雰囲気（2）

はりつめた、厳粛な雰囲気だった	5.2%	とりたてて、厳粛な雰囲気でもなかった	83.1%
どちらともいえない	2.6%	よく覚えていない	9.1%

表 4-1-13　夕食時の雰囲気（3）

どちらかといえば（精神的）に明るい雰囲気	42.9%
どちらかといえば（精神的）暗い雰囲気	2.6%
どちらともいえない（両方あった）	12.9%
とりたてて明るいるいとはいえないが決して暗くはない（日常的な雰囲気）	11.7%
よく覚えていない	29.9%

③　夕食後の状況

表 4-1-14　家族が集っていたか？

たいてい集った	84.6%	たいてい集わなかった	9.6%
集ったり、集わなかったり	5.8%		

表 4-1-15　主として為していたこと（但し要約）

- 早く寝ていた。
- 夏はカヤの中でよく遊んだことを覚えている、祖父母から昔話もよく聞いた。
- 両親はイカの調理や草履を編んでいた。カンテラをつけて勉強することもあった。
- 両親は夜業。囲炉裏を囲んでなにかしていた。
- 夏はカヤの中でごろごろしていた。冬は早く寝てた。

- 勉強などをしたり父親がいろいろ話をしてくれた。母は夜業。
- 父親は草履作り。
- 手伝いの記憶はなく雑談などをしていたと思う。
- 両親はイカの加工。
- 子供は寝る事がランプの節約になるため、早く寝るようによく言われていた。
- 勉強をしていた記憶はほとんどない。
- 囲炉裏のそばのかがり火やランプ灯の下に兄弟が集まり勉強したのを覚えている。
- 勉強はしなかった。但し手伝いごとはよくした。
- 夕食の後は遊ぶというよりも、とにかく手伝いごと。勉強なんかは二の次。貧乏だったが、魚が獲れた、獲れないといったいろいろな話を父親がして、楽しい雰囲気だった。
- 飯を食べたらすぐに休んでいたことが多かったと思う。
- 父母のまわりをごろごろしていたと思う。
- 囲炉裏の周囲をごろごろしていた。楽しかった。夏は外に出て、みんなで賑やかにしていた。じいさんが足なか（草履の一種）をよく作ってくれていた。
- 母は夜業、自分は早く寝ていた。
- 飯を食った後は寝るのが基本であった。勉強もあまりしなかった。
- 早く寝ていた。
- 友達の家に行くこともあったが、たいていはすぐに休んだ。
- 兄弟で遊んでいたと思うがそんなに遅くまでおきていなかった。
- 夕食後はカンテラのまわりに集まり、子守をしながら勉強することもあった。
- 親は夜業。子供は寝るしか無かったように覚えている。
- 親は夜業。兄弟枕を並べ早く寝ていたと思う。また子守もよくしていた。
- 親の夜業をよく手伝った（むしろ作り）。勉強についてはあまりいわれなかった。
- よく本を読んだ。
- 冬は囲炉裏を囲んでごろごろしていた。夏はほたる取りなんかに行って、よく外にも遊びに出た。
- 手伝いごとをよくした。でも楽しかった記憶がある。冬は囲炉裏の周囲をごろごろしていた。
- 両親は夜業、子供は自由にしていた。
- 冬は囲炉裏で芋を焼いたり結構楽しかった記憶がある。
- 手伝いごと、夏は夜に海に出てタコ取りをしたこともあった。
- 年寄りからいろいろな話を聞いた。
- 父が昔の話をよくしてくれた。
- 学校の宿題をしていた。
- 勉強をしていた。
- とにかく手伝いごと（ランプ掃除、油替え等）。
- 外に遊びに行くことはなかった。
- 覚えていないが、いろいろな話をした。夜業は手伝わなかったが。
- 父はゴザ作り、母は粉を挽いていた。
- 農繁期は手伝いごとをした。
- 夕食後は暫くして寝ていたと思う、両親は夜業をしていた。

- できる限り早く寝ていた。
- 飯食ったら風呂入って寝ていた。
- 子守り、夜業を手伝った。
- 囲炉裏を囲んでいろいろな話をしていたと思う。
- ロウソクの灯りの下、兄弟げんかをしたり宿題したりしていた。
- 両親の手伝いをときどきしたり、ランプの下に集まりその日にあったことを話したりした。宿題もあったがあまり熱心にやっていなかった。
- 夕食後たいてい早く休んだ。両親は夜業。
- 冬はこたつの周りに集まりごろごろしていた。
- 家のしきたりなんかを長男なのでよく言われた。

表 4-1-16　夕食後の雰囲気、楽しかった？

（まあまあ）楽しかった	23.4%
（大体・おおよそ）別に楽しくなかった	2.6%
とりたてて楽しいともいえないが、楽しくないともいえない（普段どおり）	36.4%
楽しい時もあったし、楽しくない時もあった	2.6%
よく覚えていない	35.0%

表 4-1-17　夕食後の雰囲気、厳粛な雰囲気？

はりつめた、厳粛な雰囲気だった	0.0%	とりたてて、厳粛な雰囲気でもなかった	57.1%
どちらともいえない	2.6%	よく覚えていない	40.3%

表 4-1-18　夕食後の雰囲気、明るい・暗い？

どちらかといえば（精神的）に明るい雰囲気	26.0%
どちらかといえば（精神的）暗い雰囲気	1.3%
どちらともいえない（両方あった）	9.0%
とりたてて明るいとはいえないが決して暗くはない（日常的な雰囲気）	14.3%
よく覚えていない	49.4%

④　家族揃っての外出

表4-1-19　家族揃っての遊興のための外出（地域外）の経験

たびたびあった	1.3%	時々あった	2.6%	一年に一、二回	23.4%
ほとんどなかった	59.7%	よく覚えていない	13.0%		

表4-1-20　どのような場所に連れていってもらった？（回答例、任意に抜粋、但し要約）

- 弘法大師の祭り。芝居が村に来た時。（地域内）
- 島内の芝居見物。　近くの海岸、山に弁当を持っていくぐらい。
- 学校での運動会ぐらい。
- 地域外の親戚の家。
- 道も橋もないのにどこにもいけない。
- 学校から少し遠くへ行くぐらい。
- 学校から行くぐらいで家族とは全然行っていない。
- 一度だけ真宗の話を聞くために祖父に連れていってもらったくらい。
- 一度だけ父親に博多に連れていってもらった。
- 隣部落の祭りには何度か連れていってもらった。
- 島から出るということはなかった。
- 部落から出るというのは病気の時。

⑤　正月、盆に関する状況

表4-1-21　正月、盆に関する状況（家族の人と集って楽しかった？）

楽しかった	84.4%	別に楽しくなかった	6.5%	よく覚えていない	9.1%

表4-1-22　正月、盆に関する状況（回答例、任意に抜粋、但し要約）

- とにかく正月は一番楽しかった。
- 正月、祭り時はご馳走があってみんなにぎやかにやった。
- 盆、正月は下駄がはけたから嬉しかった。
- 楽しい思い出は盆と正月。
- 明るい雰囲気での食事というのは盆か正月ぐらい。
- 正月、盆はうまい飯が食べれて楽しかった。
- 正月とか盆とか、一年に何度かは非常に楽しい家族の集いがあった。

- 正月、盆は米の飯が食え、みんなが集いその時は楽しかった。
- 正月、盆はお膳がたくさん並んでうれしかった。三日間程は白い飯。
- お膳は盆、正月の時だけ、普段は囲炉裏のカマチの上においていた。
- 盆、正月、花の節句だけは天国だった。
- 家が多忙であるため食事の時でも厳しい雰囲気があった。但し正月盆は楽しく家族が集った。

⑥ 「一家団欒」について

表 4-1-23　一家団欒に関する回答（回答例、任意に抜粋、但し要約）

- 日常的にも楽しいなごやかな雰囲気はあった。
- 昔は昔でテレビはなかったがそれなりに楽しい雰囲気もあった。正月が一番だが。
- 夕食後は団欒（回答者自身のほうから「団欒」という表現が出た）の雰囲気を感じた。
- 家族揃って一家団欒（回答者自身の方から「団欒」という表現が出た）というのは正月、盆、祭り時ぐらいだった。
- 貧しかったがいわゆる「団欒」というものはあった。
- 正月、盆に家族が集った時、団欒というようなものがあったと記憶している。
- 母親が多忙で寝るまで忙しくしていたので家族は集ってはいたがその雰囲気は決して明るいものではなかった。
- 質素な食事ではあったが楽しい雰囲気のもとに夕食がなされていた。
- 一日あったことを話したり、親が昔のことを話したり良い雰囲気はしばしばあったがいつもいつもあったわけではなかった。
- 団欒は盆か、正月だけで、親戚も集まってその雰囲気があったように思える。
- 貧乏ではあったが魚が獲れた獲れないと結構楽しい雰囲気で家族が集っていた。
- 夕食時は飯が食べられるので嬉しかったが必ずしも楽しく和やかな雰囲気ばかりではなかった。
- 家族揃っての団欒なんか、盆と正月と祭りどきぐらいだった。回数は少なかったが、楽しく集い飯を食うということはあった。
- 父親を中心にいわゆる団欒というものはあったと思う。
- 当時、楽しく集う家族というのは考えられなかった。
- 当時、普段において、今日いわれるような団欒は考えられない。
- 昔も家族集って楽しくやっていた。
- 団欒と呼ばれるものは正月ぐらいだろう。
- 父親が中心となり囲炉裏を囲んで楽しい雰囲気はあった。
- 囲炉裏を囲んでご飯を食べる時は今でいう団欒みたいなものがあった。
- 飯台を囲んで今日あったことや明日の用意などいろいろ話をして、結構楽しかったことを覚えている。
- 自分の生い立ちからそんな団欒というものはなかった。
- 今でいう団欒というようなものは全く経験していない。正月、盆もさほど楽しく集ったという印象はない。とにかくいろいろ家事手伝い、家業が厳しかった。

⑦ 「しつけ」について

ここでの、質問時における「しつけ」の概念の説明、表現としては、『家庭内での規範、約束事、守るべきことなど、事だてて、特別に家族からうるさくいわれたこと、注意をうけていたこと、いわゆる「しつけ」と言うのでしょうか……』という表現で質問した[2]。

表 4-1-24　しつけの主体者について
　　　　　　主に誰からしつけをうけましたか？（両親揃った三世代家族のみ対象）

| 祖父母 | 12.2% | 母 | 22.9% | 父 | 12.2% |
| 両親 | 29.8% | 両親、祖父母の全員から | 5.3% | よく覚えていない | 17.6% |

表 4-1-25　しつけの場（回答例、任意に抜粋、但し要約）

- 特別にしつけをうけた覚えは無い。
- 家族というよりも地域からでとにかく家よりも十倍も二十倍も厳しかった。
- 学校も厳しく父母はノータッチで先生の言われるとおり実践していた。部落全体から教わった。
- 全て学校任せだったと思う。こころがけての家庭のしつけというものは記憶にない。
- 挨拶を中心に老人に対する畏敬の念。但し家族の人からというよりも、学校、地域の人から言われたと思う。
- 平生からとりたててしつけられるという感はなかった。
- 家庭でというよりも青年会なんかによくしぼられた。
- 学校、若衆連中でいろいろと厳しく注意ごととか言われたが、家で何かとりたててという記憶はない。
- 特段家庭においてしつけというものはなかったと思う。
- 青年会では挨拶、年寄を敬うことを言われた。
- おそらく地域全体からいつのまにか社会にルールを学んでいた気がする。
- 家庭からいろいろと学んだという意識はないのだが。
- 挨拶は、はちまきをとってする。こちらから見様見まねで地域から学んだ。
- 家族からそれほどうるさくいわれなかったが、若衆に入ってから厳しかった。
- 若者衆でのルールがとにかく厳しかったので家庭でのしつけは忘れた。
- 年寄りを大切にしろといわれたぐらいで、後は自分から学んだと思う。
- しつけは学校でされたと記憶している。
- 部落のしつけは厳しかった。部落のしつけを身につければ一人前であった。

表4-1-26 しつけの内容（回答例、任意に抜粋、但し要約）

- 食事中の行儀と言葉づかいについてはよく注意をうけたが、しかし厳しく言われたという記憶は薄い。
- 地域のきまりについて言われた、但し勉強なんかは全然言われなかった。
- 言葉づかい（挨拶）。
- 挨拶、手伝いごとに関連したこと。
- 具体的なことは覚えていないがとにかく厳しかった。
- 苦労しても他人を助けなさい。
- お金の使い方（大切に使うこと）。酒は飲んではならないといわれたが、それ程やかましくいろいろと言われなかったと思う。
- 年寄りを大切にすること。
- 神仏を大切にしなさいと言われたが、それ以外はさほどうるさくなかった。
- 母親から食事中の作法についていろいろ教わった。
- 手伝いごとに関していろいろといわれた。
- 神さまを尊ぶということ。
- 父親が帰るまでは食事をしてはだめだといわれていたこと。
- 特に、何もないが本当によく働く母親のすがたをみて横道にそれなかった。
- 年長者への尊敬の念をもつように言われた。
- 喧嘩をしてはならない。よその子に暴力をふるうな。
- 家庭教育というよりも学校での影響が強かったように覚えている。
- 人の好まないことを進んでやれと言われた。
- 手伝いごとに関連して厳しく言われた。
- まず、他人への挨拶、神仏を大切にすること。
- 共同作業のなかでいろいろと自ら学んだと思う。
- 祖先を大事にしろということ。
- 手伝いごとのなかからいろいろとよく注意された。
- 人に迷惑をかけた場合よくげんこつをもらった。
- 飯の食べ方（音をたてるな）。
- 人のものを取るなということ。
- 何事も辛抱の気持ちをもつことを教えられた。怠け者になってはならない。
- 飯の食べ方。とくにご飯をこぼすと目がつぶれるとよく祖母から言われた。
- 人の悪口を言わないこと。時間厳守。
- 食事中の行儀。
- 兄弟げんかをするなとは言われたが、勉強については何も言われなかった。
- 世間から学んだと思う。
- 親の言うことをまずきくということをしつけられたと思う。
- 他人に迷惑をかけるな。
- 親から言われたことは守る。お金の拾い食いは腹が痛くなると言われた。
- 言いつけられたこと（手伝いごと）は必ず守るということ。
- 座っているとき膝をくずすとよく叱られた。年寄りを大切にしろともよく言われた。
- ことば使い。そして先生は絶対であるということをしっかり教えられた。
- 士族のながれをひく祖父がいろいろ非常に厳しかった。
- じいさまから木の棒でよくたたかれ厳しくしつけられた。

表 4-1-27　家庭でのしつけの場・時（回答例、任意に抜粋、但し要約）

- 来客時の前後。
- 特定の場、時間は関係無い。
- あえてどこということはなかった。
- 自然といつのまにか教わった思う。
- 手伝いごとをしている時。
- 生活全般で。
- 毎日の生活の中から。
- 日常生活全般から、もちろん食卓を中心に。
- 手伝いごとをしていろいろとしつけられたと思う。
- 仕事を通じて学ぶ。
- 自然といつのまにか。
- 手伝いごとを通してしつけられた。

⑧　その他

表 4-1-28　家族との思い出（回答例、任意に抜粋、但し要約）

- 両親が仕事のため家をあけていることが多かったので、運動会の時、家には祖母しかおらず、だれも来ずに悲しかった思い出がある。
- 母親が自分の体を心配してくれて、勉強するな、勉強するなとよく言ったこと。
- 田植えの頃父親より早く家に帰り、先に足を洗っていたら叱られた。ただ、その後父親に足を洗ってもらって非常に嬉しかった記憶がある。
- 両親からコンペイ糖のお土産を買ってきてもらったことを今でも嬉しい記憶として覚えている。
- 父母がごはんを平等に分け与えてくれたことを覚えている。自分一人だけが食べて叱られたことも覚えている。
- 母親がこづかいを父親に内緒でくれたことを覚えている。
- 父親はやっぱりおそろしかった印象が今でもある。
- 両親の離婚は子供心にショックだった。
- 祖母が学校から帰ってくると囲炉裏に火をくべ待っていてくれたことを覚えている。
- 父親に叱られてそれをよく母親にかばってもらったこと。
- 仕事を通してのやりとりの中では父親は非常に厳しかった。
- 父親が朝早く起きて草履を編んでくれたことが今でも嬉しく覚えている。
- 夜も昼も子供達の草履を作っていてくれたことを覚えている。
- 雨降りが好きだった。それは雨が降れば両親が外に出ずに家で仕事をしたのでみんなとわいわい楽しくやれたことが忘れられない。
- 先生に叱られたことを家のものからきつく叱られた。
- 子守をさぼって遊び、母親からよく叱られた思い出がある。
- 祖父がわたしが学校から帰ってきた時合図として口笛を鳴らしてくれたことを嬉しい記憶として覚えている。

表 4-1-29　通過儀礼の経験・印象（その時どのように思ったか）

経験有り	64.9%	経験無し	18.2%	よく覚えていない	16.9%
嬉しかった	39.0%	別に何とも感じなかった	0.0%	よく覚えていない	61.0%

表 4-1-30　地域の教育（青年会、若者組等）について（回答例、任意に抜粋、但し要約）

- 若衆連中があって厳しかった。何か問題をおこすとみんなで注意した。
- 上下関係の厳しい若者宿があった。
- 青年会は結構楽しかった。
- 十七才の時入会し、三十五才まで。上下関係が厳しく父親よりも恐い存在。
- 盆の行事などをしきる。上下関係は非常に厳しかった。
- 学校を卒業すると入会し、厳しいところだった。
- 学校を卒業して二十五才までが青年団、それから三十五才までが青年会で、悪いことをしてよく叱られた。
- 若者衆での約束事はとにかく厳しく、挨拶、年長者への尊敬の念等いろいろとルールがあった。
- 青年団に入らないと村八分だった。
- そんなに厳しくなかったが二十五才まで青年会に入らなければならない。

表 4-1-31　手伝いごとについて（回答例、任意に抜粋、但し要約）

- 勉強はしなかったが手伝いごとはした。
- ごえもん風呂に水を入れたり、とにかく手伝いごとをよくした。
- 農繁期はよく手伝った。
- 小学校は五年生でやめたが、家業を手伝っていたので横道にもそれなかった。
- 子供をおんぶしながらよく勉強をした。
- 夜業をよく手伝った。
- とにかくランプのほや磨きをやらされた。
- 水汲みの仕事を忘れていて、家に遅く帰り、親にきつく叱られた。
- 学校から帰るとまず水汲み。
- 長男であったので学校から帰ると草履づくり。
- 朝の水汲みがあったから早くから起きていた。

(3) 一家団欒の実情と家庭生活の中での「しつけ」

① 一家団欒の実情

漁労民、離島という限定性を有する調査ではあるが、明治期後半から昭和初期までの、日常生活において一家団欒と呼ぶに足りうる家族的交流は正月、盆、祭礼時等の一年の節目、節目においては今日と同等程度に営まれていたようだが、日常的には頻度、密度とも今日と比較すれば、その程度の低いものであったように考えられる。

したがって、一家団欒からの家族の愛情を感得する程度は今日と比べると少なかったかもしれないが、一方で親が遅くまで夜業をする姿や、ほとんどの親、祖父母が子どもために、草履を日常的に編んでいたというようなことが、家族の愛情表現として、自然のうちに子どもに受容されていたのではないだろうか。

② 「しつけ」を中心とした意図的な教育

「しつけ」を中心とした家庭生活における意図的な教育については、その程度において決して熱心になされていたという印象は受けず、幼少時は何よりもまず学校からの指導が主であり、家庭は学校教育を補完、支援する場として機能していたという印象を強く受けた。また学校卒業後は地域の教育組織にほぼ全面的に委ねられていたようである。したがって、当時は、家庭よりも、「学校」「地域」中心に子どもの人間形成が為されてということになる。ただ家業、家事を手伝う過程において、親からいろいろ注意されたり、褒められたりする場面は多かったと考える。

表4-1-32、表4-1-33、表4-1-34は昭和18年に実施された子どもの家業や家事の手伝いの実態を示したものである[3]。調査対象者（週日：農村480名、下町305名、山手300名、休日：農村442名、下町300名、山手318名）の84.5％が家の手伝いに関わっており、ここからも戦前においては家庭生活において「家の手伝い」が中心的な行事として組み込まれていたことがよくわかる。ちなみに「遊び」は73.5％、「予習及び復習」が66.7％、「読書」は66.5％で、「家の手伝い」が子どもの家庭行事として筆頭にあった。このように戦前までにお

いては決して意図されたものではなかったが家庭における「家の手伝い」を通じての人間形成も看過できないかたちで営為されていたと推察できる。

表 4-1-32 農村の子どもの「家の手伝い時間」

		農村			
		週日		休日	
		生活者時間	総平均時間	生活者時間	総平均時間
男子	4年生	1時間10分	1時間02分	1時間41分	1時間39分
	6年生	1時間25分	1時間13分	2時間58分	2時間51分
	高等科2年	1時間47分	1時間43分	5時間17分	5時間17分
女子	4年生	1時間17分	1時間14分	2時間09分	2時間09分
	6年生	1時間27分	1時間16分	3時間21分	3時間18分
	高等科2年	2時間32分	2時間28分	6時間29分	6時間27分

表 4-1-33 都市下町の子どもの「家の手伝い時間」

		都市下町			
		週日		休日	
		生活者時間	総平均時間	生活者時間	総平均時間
男子	4年生	1時間15分	0時間40分	0時間50分	0時間06分
	6年生	1時間07分	0時間41分	1時間50分	0時間55分
	高等科2年	1時間12分	1時間06分	0時間35分	0時間26分
女子	4年生	0時間58分	0時間46分	1時間37分	1時間04分
	6年生	1時間14分	0時間58分	2時間09分	1時間58分
	高等科2年	1時間12分	1時間01分	3時間47分	3時間39分

表 4-1-34 都市山手の子どもの「家の手伝い時間」

		都市山手			
		週日		休日	
		生活者時間	総平均時間	生活者時間	総平均時間
男子	4年生	1時間25分	1時間06分	1時間40分	1時間37分
	6年生	1時間21分	1時間04分	2時間06分	1時間46分
	高等科2年	1時間35分	1時間01分	2時間48分	1時間57分
女子	4年生	1時間23分	1時間16分	1時間44分	1時間38分
	6年生	1時間40分	1時間40分	1j間20分	1時間10分
	高等科2年	1時間30分	1時間30分	3時間29分	3時間19分

注

(1) 本節（初出）は拙稿「明治期後半、大正、昭和初期の庶民階層における家庭の教育に関する一考察」『梅光学院大学論集 26 号』平成 5 年、65-81 頁を基に加筆訂正を加えたものである。
(2) 本論で考えるところの「しつけ」の概念は青木和夫「しつけ研究への社会学的アプローチ」小山隆編『現代家族の親子関係』培風館、昭和 48 年、20 頁を参照にしている。日常生活における基本的な習慣・価値・態度・行動様式を社会集団の正規の成員が、そうでないものに体得させることとする。青木和夫はこれらに加え哺乳・離乳・忍耐・清潔・整頓・節約・愛情や労働能力も加えたものとしている。
(3) 出典は日本青少年教育研究所編『児童生活の実態』朝倉書店、昭和 18 年、33-34 頁。ここでの生活者時間平均とは調査対象者の中で一日の生活の中で実際に手伝いをした子どもの時間の平均時間になる。総平均時間とは実際に手伝いをした子どもの総時間を、手伝いをしていない子どもも含んだ調査対象者全員で割った平均時間。

第2節　農民を対象とした明治期後半、大正、昭和初期の庶民家庭の家庭生活・親子関係・一家団欒と家庭の教育力[1]

　前節の対象は、当時の主たる生業を漁業とした庶民階層の年長者から得た結果であった。本節では庶民家庭で、主として農業を生業とした人々の当時の家庭生活全般の面接結果から当時の家庭の教育力を考察したい。

(1)　調査方法

①　面接の方法

　本章第1節で述べたものと概ね同じで、当時の親の生業が主として農業で、いわゆる庶民に該当する家庭に育った、明治期後半、大正、昭和初期生まれの人を対象とした。主たる質問は表4-2-3の内容で、もの心つきはじめた幼少時から、小学校卒業ぐらいまでのことについて、記憶にあることだけを回想してもらった。

　情報提供者（面接者）の選定は、原則調査地域の福祉協議会や各地区の老人会を通してその地域に幼少時から住まいして、記憶の確かな人を紹介してもらう方法をとった。

　また、調査人数は21名と希少となったが、調査をすすめる中で、漁業を主たる生業とした人々との顕著な差異がみられなかったことから、前述の人数で調査を終了した。調査年月は1991年8月より1997年6月までである。

②　調査対象者の属性及び地域

　調査地域及び対象者の属性は以下の表4-2-1、表4-2-2である。

表 4-2-1　調査地域一覧（調査時の名称）

・島根	柿木村、六日市（5）
・山口	豊田町、下関市（3）
・長崎	対馬（3）
・広島	佐伯町（1）
・宮崎	西都市、佐土原町（9）　　　　（　）内数字は面談者人数

表 4-2-2　対象者の属性（性別、年令及び家族形態）

明治30年代	5名	明治40年代	6名	大正1年～7年	5名
大正8年～15年	6名	昭和1年～7年	2名		

男性9名　女性12名、計21名　　※三世代家族（4世代含む）19名、二世代家族2名

③　質問内容及び「庶民」家庭の規定基準

　主な質問内容は表4-2-3に記すとおりである。また庶民家庭であるかそうでないかの判断基準は前節にならうが、当時の家屋敷の大きさ、田畑の広さ、小作人の使用等の様子や、労働形態（日常的に両親等が自ら農作業に従事していたか等）、教育歴（八年かそれ以上か）、日常生活の食生活の様子等（例えば、三度三度白飯であった場合は該当しない等）から、聞き書き調査をすすめる中で判断した。

表 4-2-3　質問内容

(1)　一日のライフスタイル（生活習慣、様式等）
(2)　団欒の有無　　①夕食時の状況、雰囲気　②夕食後の雰囲気　③家族揃っての遠出 　　　　　　　　　④家族の思い出　⑤正月・盆・祭礼・年中行事等の様子
(3)　しつけの内容　①しつけの内容、家庭のルール・慣習
(4)　その他、当時の父親像、母親像、家族関係、地域・学校の教育等

(2) 面接の結果（聞き書きの内容）

以下、項目別に面接で得た内容を列記する。ただし以下の表記についてはできる限り平易で理解しやすい言葉に置き換え記述している。また、以下の内容は本調査での全ての回答ではなく、任意に抜粋したものである。

① 家庭生活全般

表 4-2-4　家庭生活全般

- 当時、家で勉強なんかはしなかった。但し、夏休みだけは宿題の練習帳を家でした。
- 学校にさえ行っておけば家の手伝いをしなくてよかったので、学校はとても楽しいところだった。
- 草履は祖母が編んでくれて、それを履いて毎日5キロ程離れた学校に通った。
- 普段は米と麦の割合が5：5であったが、祭り時は白飯と刺身が食えた。刺身ができない時でもカマボコが出た。
- 九人兄弟の五番目で、学校は子守をしながらだったからつらかった。小さい弟を背負って学校に行っていた。
- とに角、兄弟喧嘩をよくした記憶がある。
- 家に帰って勉強したという記憶はない。
- 普段はお菓子などめったに食えず祭りの時に一銭もらって買いにいくのがとても楽しみだった。また山でアケビ、グイメ、ウベなどの実を取って食べるのも楽しみだった。
- お小遣いをもらった記憶は全くない。
- 体にシラミがわいた時、兄が専用の石鹸で洗ってくれたことが強い思い出としてある。
- 父親から頭を剃られる（今の散髪）のがいやでいやで大騒動であった思い出がある。
- オモチャは自分たちで作り、派手（自由に）に楽しく遊んでいた。
- 普段の食事は米6、麦4の割合だったが、これは良い方だったと思う。
- 一年のうち家族が腹をかかえて笑うということはそう多くはなかったと思う。

② 「しつけ」について

表 4-2-5 「しつけ」に関する事柄

- 口ごたえした時は、叩かれたが、決して頭ではなくお尻を叩かれた。
- 就寝、起床時には正座して挨拶するように厳しく言われた。
- 盆、暮れ時にも挨拶をするように言われた。
- 履物をきっちり揃えておくようにとよく言われた。
- もったいないことはするな。
- お年寄りを敬うこと（自然に教わった）。
- これといって記憶にないが、部落内で自然に身についた。
- 行儀と挨拶、それと親の言うことを聞くこと。
- 食事中は静かに食べること。
- 女の子が胡坐（あぐら）をかくことはとんでもないことだったし、囲炉裏の囲いの板から足がでるだけできつく叱られた。
- とに角、正直であれということを言われた。
- しつけは、祖父からよくされたと思うが、何か具体的なことというよりも、祖父の態度から何かを教わったような気がする。
- 何か人から言われたら、一呼吸おいて考えてから言いなさいとよく言われた。
- 足をだしたり、横座りしたりしたら母からよく叱られた。
- 女性は夜には絶対外出してはいけないということをよく言われた。
- 親の言うことは間違いないからよく聞きなさいということをよく言われた。
- 人から指をさされるような人間になってはいけないということを言われた。
- ほおかぶりは、挨拶がおくれるから、してはいけないということを覚えている。
- 目上の人に対する礼儀、上下関係。
- 村のルールとして年寄りを敬うということを言われた。
- 母から「よその子供をいじめたりしてはいけない。その時は父にきつく叱ってもらう」ということを言われた。
- 誰かからしつけられた記憶はない。何となく自然に教わった気がする。
- 無駄づかいをせずに、神仏を敬うこと。
- 親の恩、師の恩、君の恩ということをよく言われた。
- 学校の先生に叱られることは、絶対に親の恥になるということをよく言われた。

③ 家庭の慣習・ルール

表 4-2-6 家庭の慣習・ルール

- 朝一番のお茶は先祖にそなえ、それを父の湯呑みにうつすという習慣があった。
- 外に遊びにいったら、家の電気がついたら必ず家に帰ってくるように言われた。
- 洗濯物を干すときは男女別にという決まりがあった。
- 浪曲はいいが、映画（教育上よくないということ）は駄目という決まりがあった。

④ 夕食後の状況等

表 4-2-7　夕食後の状況等

- 祖父母、両親とも夜遅くまで家事・仕事をしていた。
- 寝づらいときは祖父母がよくいろいろな昔話をしてくれた。
- 夕食後、子供は早く寝ていたと思う。
- 夕食後は納屋に兄弟が集まり、いろいろ遊んだりしていた。
- 夕食後は親の手伝い。勉強なんかはめったにしない。
- 夕食後は皆でゴロゴロしていた。大人は夜業。
- 両親は夜業で、藁仕事やミツマタの皮を剥いでいた。
- 祖母がいろいろ話をしてくれて楽しかった記憶がある。
- 夕食後は囲炉裏のはたでゴロゴロしていたと思う。
- 祖父母はムシロをつくり、父は縄を編む。母は繕いものをしていた。
- 用もないのに起きているとランプの油がもったいないので早く寝ろといわれていた。
- よく兄弟喧嘩をしていたが、母から食物のことでは喧嘩するなとよくいわれた。
- 夕食後はむしろをひいてその上でよく遊んでいた。父親が子供達によく相撲をとらせた。
- 夕食後、夏は外で夕涼みをし、暗くなると家に帰りカヤの下で寝ていた。
- 夕食後は一日の話をしたりして、いろいろと交わりがあった。

⑤ 食事・囲炉裏の周辺

表 4-2-8　食事・囲炉裏の周辺

- 子供はだいたい自由にすわり、祖父母の周辺、また膝の間にはいり、飯を食っていたと思う。
- 夕食中は祖母と姉と三人で夕食をすることが多かったので（両親は仕事）、決して厳しいといった雰囲気はなかった。
- 夕食中は父のへりにはいかず（何となく決まっていたので）、母や祖父母の周辺にいたと思う。
- 祖父母が夕食時に囲炉裏のまわりで、母にあれやこれや指示をしていたと覚えがある。
- 座る位置は自由であったが何故か正月の時は、正座して、場所もきまっていた。
- 食事中は何も堅苦しい雰囲気はなかったが、父が正座していたので私たちも正座して食事をしていたと思う。
- 朝は家族が揃うことはなかったが、夕食時は皆が揃いわきあいあいとしていた。
- ご馳走は盆と正月ぐらいで普段は麦を混ぜた大根飯が多かった。
- 子供が横座（主人の座るところ）にすわると叱られた。
- 夕食は父が風呂に入った後、父が座ってから始まった。
- 別に勉強部屋なんかはなく囲炉裏のまわりで宿題なんかをやっていた。

- 農家であったことと、一人っ子であったため、白飯は結構食べれていた。むしろ、終戦後の方が厳しかった。

⑥ 正月・盆・節句・祭礼

表 4-2-9　正月・盆・節句・祭礼

- 一年で賑やかで楽しかったのは盆、正月、祭りぐらい。
- 正月はとにかく白飯が食えて楽しみだった。
- 正月前に父が厳原（対馬）に買い出しに行き、それを待つのがとにかく楽しみだった。帰ってくるのが遅いと家の外にでて、タイマツを焚いて待っていた。
- 正月は、新しい衣服を着せてもらえる一年で唯一の時でとても楽しみだった。
- 末娘のせいかとてもかわいがってもらったが、雛人形（三月節句）を飾ってもらった記憶はない。
- 正月・盆は何かうまいものが食えるのでわくわくしていた。
- 祭り時にオキアガリコボシの車を買ってもらったことが嬉しくて忘れられない。
- 正月三日間、盆二日は手伝いをしなくてよかったのでとても嬉しかった。親も牛の草を取るくらいで仕事をしなかった。
- 鶏は家にいたが、普段は卵なんか食えなかった。ただ、正月と氏子祭りは鶏肉が食え子供にも膳がでた。
- 正月には餅が食えて兎に角嬉しかった。彼岸の時も、お団子を作って親戚を廻るのが嬉しかった。

⑦ 手伝いごとについて

表 4-2-10　手伝いごとについて

- 私は比較的周囲の友達と比べて少なかった方で、風呂炊きと桑の葉をカイコにやるぐらいだった。
- 一人っ子だから、その分だけ手伝いごとが多かった。学校を休んでも農繁期は手伝った。
- 農業の本格的な手伝いごとは小学校の四年生ぐらいからやりだした。
- 遊んでいても、下の弟に乳をやるために、家にかえらなければならなかった。
- 子守のために、はぜの木をハンモッグのように使ったり、あぜで下の子を遊ばせたりしたが、蚊が集まってきて、母に「はよ帰ろう、はよ帰ろう」といった思い出がある。
- 両親の夜業の手伝いまではしなかったが、ホヤ磨き（ランプ）は日課だった。

⑧ 親子関係・家族の思い出

表 4-2-11　親子関係・家族の思い出

- 父は尊敬していた。全てのことを教えてくれた存在だった。
- 父に対する尊敬の気持ちは自然と身についていた。
- 祖母にはよく甘えお小遣いもよくもらった。
- 病気にならないように肌守りを身に付けさせてもらっていた。
- 甘えるのは母親で、父親には何か奉るといった感じであった（別に父親がいばっていたわけではないが）。
- 父は何か雲の上の人という感じで、父の一言は本当に威厳があった。
- 私がいじめられているとき、偶然父が通りかかり、そこから私を自転車に乗せ学校まで送っていってくれたことが忘れられない。それ以降、その子達も私をいじめなくなった。
- 父親とはあまり、言葉を交わさなかったが、親しみを感じていた。
- 母親は家事から家族関係から、とにかく多忙で一生懸命やっていたなと覚えている。
- 父親は非常に平等的な人で女性だから子供だからどうこうということはなかった。
- 母親は多忙でむしろ、父親にあまえることが多かった。
- 父が山に連れていってくれて、（一旦父は仕事で帰り）一人で遊んでいるとき、今度は果物のなしをもってきてくれ、とても嬉しかったことを覚えている。
- 新しい母（父の後妻）は潔癖症的な人で苦労した。
- 小学校の3、4年頃、肥だめにまっさかさまに落ちてしまい、家に帰り大騒動になったが、父がていねいに洗ってくれたことが忘れられない。

⑨ 外出（遠出）：どのような場所に連れて行ってもらったか

表 4-2-12　外出（遠出）

- めったにないが、家族と庚申講に一緒に行くのが楽しみだった。そこでイワシとか魚のいいものを買った思い出がある。
- お彼岸の時に親戚の家に行くぐらい。
- 素人芝居が村に来たときは、そこに見に行ったが、どこかへ行って見るということは全くなかった。
- 遠くに外出することなんかはめったになく、運動会と祭りぐらい。それと学校の遠足ぐらい。
- 遠くに出かけることはほとんどない。隣の村に父の妹がいたので、そこに行ったことがあるが、それだけぐらい。
- 外出なんかは村内の出来事のみ。
- 遠出は学校の遠足と、氏神さんの祭りくらい。

⑩　一家団欒に関する内容

表 4-2-13　一家団欒に関する内容

- 貧しかったが、普段でも一家団欒といった安らいだ雰囲気もあった。
- 昔の方が貧乏だったが、精神的に裕福で、一家団欒といったものもあったのでは。
- バアちゃんが昔話なんかをしてくれたりして、家族の交わりは昔の方があった気がする。
- にぎやかな一家団欒は節句と田植えの時（田植えが終わって一段落した後）ぐらい。
- 自分の家が比較的裕福であったのか、食事の心配はなかったようなので、いわゆる一家団欒のようなものが普段でも結構あったように思える。
- 三世代の家族から、二世代のものに変わってきて一家団欒はなくなってきたように思う。昔はあった。
- 田植えの終わりの「おこもり」の時に普段の膳と変わり一家団欒を感じた。
- 質素だったが、囲炉裏を囲んで、さつまいもを焼いたり餅を焼いたりして、結構そういう雰囲気はよくあった。
- 節句日は皆で祝い、一つの一家団欒でもあった。
- 昔は囲炉裏を囲んで、がやがやっていた。今の家族の方が暗いのでは。
- 小2の時、母が亡くなったので、その後は祖父母のあたたかい思いが一家団欒を作っていたと思う。それがあったから今日の自分がある。

(3)　考察：漁労民との比較において

　漁労民の家庭を対象とした調査では、いわゆる「一家団欒」といった家族的交流は、今日の家庭と比較すればその頻度において、程度の低いものであるといった結果であったが、本調査でも同様の印象を受けた。ただ、「貧しかったが、普段でも一家団欒といった安らいだ雰囲気はあった」といった回答もあるように、正月・盆のように賑やかなものではないが、また各々の家庭で差はあるが、夕食中、夕食後に安らいだ雰囲気を感じていた家庭も少なくないという印象も得た。

　また日常的に両親が夜遅くまで夜業、家事を続けているのを子ども達が目の当りにしており、これらの親の行為が、家族の愛情表現として強く子ども達の心に刻み込まれている。

　「しつけ」の内容については、親や地域をも含めた年長者への畏敬・挨拶、また地域社会でのルールなどで漁労民の調査結果と同様の内容が多かった。

調査人数が少ないが参考までに「夕食の状況」と「囲炉裏の周辺」についての相対度数を記すと、夕食時の座席の位置については「厳しく決まっている：31％、自然と決まっているが決して厳密なものではない：53％、別に決まっていない：16％」。夕食時の集合状況としては「たいてい集った：90％、集ったり集わなかったり：10％、集わない：0％」。夕食時の雰囲気として、「楽しかった：70％、普段と変わらず：30％」、「精神的に明るい雰囲気：64％、どちらでもない：36％、暗い：0％」、「厳格な雰囲気：6％、別に厳格な雰囲気でもなかった：94％」であった。

以上の数値と回答例から、家庭生活全般の雰囲気として、質素ではあるが、決して陰鬱なものではなく、自由な雰囲気の下に、家族が夕食時、夕食後等に集っていた状況を推察できる。また、漁労民の調査でも顕著であったが、親の真摯に働く後姿を日常的に見て何か人間形成上の大切なことを学ぶといったことも本調査からも感じられた。

注

(1) 本節（初出）は拙稿、「明治期後半、大正、昭和初期の農業を生業とした庶民家庭の教育力についての一考察」『大阪商業大学論集115号』87-98頁、1999年を基に加筆訂正を加えて記した。

参考文献

奈良本辰也監修、西巻興三郎編『士農工商（仕事と暮らし江戸・明治Ⅱ）農民』平凡社、1979年。
塚本学編『村の生活文化、日本の近世8』中央公論社、1992年。

第3節　年中行事・三月節句の中での一家団欒と地域との関わり [1]

　本節では、一家団欒が地域の人々との関連の中でどのように営まれていたのかを年長者の聞き書き調査から考察した。ここでは、前節までの年長者のエピソードの中で数多く語られる年中行事、とりわけ「三月節句」に焦点をあて地域との関わり、またそれを通じての人間形成の影響を考察する。

(1)　庶民家庭の三月節句における一家団欒と人間形成

　前節までの年長者の述懐の中で数多く語られていたことが、盆、正月、祭礼時等の年中行事の中での一家団欒の営みである。とりわけ、「三月節句」については年長者からの聞き書き調査などで必ず語られる、子どもにとって最も楽しい行事の一つであった。
　そしてこれらの営みは、例えば三月節句であれば雛人形、また五月節句であれば幟、破魔弓といった縁起物・玩具が副えられることにより、大人の子どもへの愛情表現の場として強化され、より好ましい親子関係と、地域の大人と子どもとの関係が築かれていったと考える。日常的に親から子への愛情表現をする場・時間をもつことが困難な時代であればあるほど、それらの行事、またそれらに副えられたお守りや縁起物等のもつ人格形成上の意味は大変強いものがあったのではないか。
　ひな祭りと称される三月節句は、祖父母、親、親戚縁者、地域住人が雛人形を子ども（女児）に贈り、子ども達の幸福、息災を願う行事で、近世以降日本の庶民家庭にも定着した大人の子どもに対する愛情表現の象徴的な場と理解できる。ただこの場合、貴族や上級武士、豪商、豪農階層の子ども達は豪華絢爛な雛人形があてがわれたが、庶民階層では粗野な「土雛」「紙雛」が中心であった。買い与える大人においても、愛情表現として強い意識をもって購入した場合もあれば、形式的な慣例として買い与えた場合もあったであろう。しかしこのような慣例は、親と子が面とむかって向き合う場、時間が希薄であった当時においては、子どもの人間形成上重大な影響を与えた場・時であったのではな

いだろうか。

　以上のような問題意識から本節では明治期後半から大正に出生された年長者から、庶民階層で購入、流布されたといわれる「土雛人形」[2]の思い出を手掛かりとして、三月節句の中での一家団欒のもつ人格形成上の意味について考察する。

(2) 面接調査の方法

① 質問事項及び対象者の選定

　半構造的な面接調査であるが、質問事項の中心的課題は幼少時、土雛を中心とした三月節句の思い出や、また成人後、近隣の家庭に贈答した時の体験、心情を語ってもらうことである（表4-3-1）。情報提供者の選定は、前節と同じだが（福祉協議会を通じて各地区老人会会長・婦人部長から、その地域に幼少時より住まいして、記憶の確かな原則70才以上の年長者を紹介してもらう方法）、場合によってはその地域に入って偶然出会った古老から地域の様子を聞き、適当な年長者を紹介してもらうケースも含まれる。

表4-3-1　主な質問内容

(1) 家族の属性、家族関係（幼少時）
(2) 一家団欒を中心とした家庭生活全般（幼少時、家庭を持った後）
(3) 三月節句についての全般的な思いで（幼少時、家庭を持った後）
(4) 土雛人形の三月節句での意味　（今からふりかえって）
(5) その他の節句、正月、祭事の思いで　（幼少時）

② 調査場所、時期、人数

　調査場所は宮崎県佐土原町、西都市近郊で実施した。この地域を選定した理由は①廉価な土雛人形が、比較的狭い範囲で、かつ高密度で流通していたと想定できる地域、②土雛人形の史的意味を確認するうえで現在もその土雛人形が製造されている地域ということである。九州地方においては帖佐人形[3]、古

賀人形等も佐土原人形同様、伝統的な人形製作地域として考えられたが、両地とも暫らくの間、恒常的、職能的人形製作者が途切れており、今回の調査地域から除外した。

具体的な調査場所は以下のとおりである（表4-3-2）。

表4-3-2 調査地域一覧

| ・西都市 | 都於郡 岩爪 荒武 三財 加勢 三納 樫野 穂北 黒生野 |
| ・佐土原町 | 佐賀利 新木 年居 田島 下浦下 |

調査時期は1995年5月から1997年6月　面接者は女性22名

③ 土雛人形の庶民性

「庶民家庭の三月節句」という課題から土雛人形が庶民の人形であったことを考証しておく必要がある。佐土原人形のルーツと考えられている伏見人形は廉価な庶民の人形であったが、今一度、当時の佐土原人形の価格と物価を比較し、どの程度の価値を持っていたのかを確認したい。土雛人形の価格は例えば大正7年発行の「郷土趣味」第1号のなかで諸国おもちゃ目録として佐土原人形が紹介されており、そこでは各種十銭以上とある。ちなみに同地方（日向）の郷土玩具の鶉人形二十銭とある。この価格と、表4-3-3の当時の諸物価を示したものを比べた場合、例えば、草履七銭、下駄二十五銭とあり、これと比較しても土雛人形が庶民の手に届く代物であったことは予想できる。

表4-3-3 大正時代の諸物価[4]

いなり寿司1個（大正七年）	一銭	草履一足（大正十二年）	七銭
下駄一足（大正十二年）	二十五銭	鎌一丁（大正十二年）	三十二銭
安産腹帯（大正四年）	三十五銭	小学校教員給料（大正七年）	十二円～二十円
内裏雛（衣装着中級～最高級品・大正五年）			一円七十銭～五十円

(3) 面接調査の結果

以下、面接調査での年長者からのエピソードを記すが、同内容のものは筆者の判断で任意に割愛し、要約したものを標準語に言い換え、節句と子どもの人間形成に関係する内容のみを報告する。

① 一家団欒を中心とした家庭生活全般について

表4-3-4　家庭生活における一家団欒

- 団欒は田植えの後の休息日か節句の時ぐらいで、一年の内数える程のことだった。
- 節句時はめったに仕事を休まない父母も仕事を休んだ。普段は栗・ヒエご飯が中心だが、お寿司、赤飯がでた。
- 節句時にはご馳走がでるのでいわゆる家族団欒を感じた。
- 三世代家族から二世代家族に変わっていき、節句時の団欒の雰囲気も減っていった。

② 三月節句について

表4-3-5　三月節句に関すること

- 初節句は長男、長女だけのものではない。それぞれの子どもにも土雛人形等が贈られた。
- 雛の絵が書かれた掛け軸的なものを親戚・近隣の人がもってきて祝った。
- 節句は五女だったため姉妹のお下がりの人形だった。
- 初節句当日は反物とか焼酎、祝い金を持っていき、それまでに人形等を贈っていた。
- 長女ができると「あそこは羽子板だべ」といって近隣の人が節句時（正月、三月）に祝った。
- 桃の節句が近づくと土雛やその他の人形を飾ったが、三月三日で雛飾りは片づけるようにした。というのはあんまり遅くまでならべておくとお嫁の行く先がなくなると言われたので。
- 初孫に対して祖父母が人形をはずんだ。父母は貧しく食べるだけで精一杯だったと思う。
- 三月三日までに近所の人が祝いを持ってきてくれた。そして当日は近隣の人（祝ってくれた人）をもてなす。
- 赤の布を敷き自家製の雛板を作り祝った。盛大に祝ったのは長男、長女だけで二番目、三番目の初節句は簡素化された。
- 長男の初節句の時は近隣の人まで盛大に祝ってくれた。
- 戦前は雛の絵を書いた掛け軸をもらった。戦後は少し経済がよくなってか土雛を近隣、近所から贈られ、肉親が与えるということはなかった。むしろ、家族は新しい着物を与えた。

- 直接家族からは何ももらわなかった。
- 祝いを持ってきた人には料理でもてなした。
- 節句は子どもにとって一番楽しい時だった。お膳がでて、イワシ寿司、煮豆、吸い物、山芋などがでた。
- 末っ子は姉妹のお古の人形であった。
- 土雛が与えられたらいい方で紙製の時もあり近隣から贈られない時は親が買い与えた。
- 親戚一党が集まり掛け軸をおくった。但し、次女以降は父親が新しい掛け軸を買い与えた。節句時は部屋一杯に人形、掛け軸を飾ったものだ。昔の方がにぎやかだった。
- 母親になってからは時代も時代であったので（戦争）新しいもの買ってやれず、古いものを探し出してにぎやかに飾った記憶がある。
- 節句は長男、長女だけであった。親戚一党が集まり、土雛とともに反物なんかも贈った。
- 三月になれば掛け軸などを飾りはじめ、子どもを喜ばした。子どもも本当に楽しみにしていた。
- とくに初節句は子どもの祝いだけではなく親にも着物がついてきた。
- 子どもの頃節句時に買ってもらった土雛人形や市松人形を背負って遊ぶのが楽しみだった。
- 残念ながら新しい節句人形はもらったことがなかった。近所の人からもらったお下がりであったと思う。
- 身内が直接人形を子どもに与えた記憶はない。反物とご馳走は与えたが。
- 母親になってからご近所に初節句の時は人形と祝儀（お金）をもっていった。

③ 節句の持つ人間形成上の意味

表 4-3-6　人間形成に関わる内容

- 次男・次女以下はあまり、近隣・親戚から目立って祝ってもらうということはなかったが何番目の子どもであれ、親の愛情は変わらなかったと思う。
- 代々の掛け軸（土雛を書いたもの）を祖父母より節句時に飾るのは何ともいえない家族のありがたみというか、そういう嬉しさを感じた。
- 戦争が絡んで実の子には十分できなかったので、その分孫にやってやりたい。また私自身も親から直接というよりも祖父母や近所の人から何かやってもらったという覚えが強い。
- 親の愛情を伝えたいということでご馳走などを用意して近隣の人をもてなした。
- 節句時はゆっくりと子どものことを考えることのできる日だった。普段は忙しくてなかなか子どもを思うゆとりがなかった。
- ご近所のものが子ども達を祝うという感じではないかと思う。
- 親になってから本当に節句の用意は大変だったが、四、五軒集まって餅をつき親戚も集まり賑やかにやったことは子どもにとっては良い経験になっていることだと思う。
- 親からもらった人形は絶対に捨ててはいけないと、自分の子どもがいうぐらい、それ（人形）は強い絆のあるものだった。

④ その他

表4-3-7 その他の節供に関するエピソード

- 鬼子母神（佐土原）には年一度（大祭日）必ず子どもをおんぶして連れていき息災を願った。節句とともに大事な行事（図4-3-8）。
- 終戦の年は自分の子どもに何もできなくて、自分の着物をつぶして子どもに与えたが、何か、新しいものを与えることができなかったことが可哀想であったと今でも思い出す。
- 自分も嬉しかった記憶が残っていたから子どもにも同じ思いをさせたいという気持ちがあるのだろう。そういったことを繰り返すことが親子の証となっていくのだろう。

図4-3-8　絵馬にみる連綿と続く親の子へのおもい（佐土原鬼子母神）

(4) 考察：三月節句の中の一家団欒と地域との関係

① 一家団欒と三月節句

　前節で示した面接調査で、多くの年長者が年中行事・節句と一家団欒の強い関連を述懐していたように、今回の調査においても一家団欒の思い出として、その象徴的な場、時として三月節句があげられた。親、祖父母、子ども、そして親戚、近隣集団までが楽しく交流し、その場をより華やかに、にぎにぎしくする道具として土雛人形や掛け軸が飾られ、またご馳走が副えられた。

図4-3-9　夭折した子に供えられた土雛人形

　一家団欒といった場合、今日的なイメージとしては家族水入らずの、しかもどちらかといえば二世代間の楽しい交流で、そこに隣人・地域集団が交わるといったことは現代家庭では極めて稀なことである。その意味において戦前の一家団欒は隣人・地域との交流までを含んでいる場合もあり、家族と地域との緊密性の強さがうかがえた。
　図4-3-9は夭折した子に節句時にもらった土雛を母親が村墓に供えたというものである（地蔵の左下の人形が土雛である）。
　このように土雛人形には親や親族・隣人・地域の様々な愛情、願い、祝福が込められた代物であったと思われる。

② 三月節句と人間形成
　今回の調査を通じて異口同音に語られたことは、節句という年中行事の一つが、単に家族、親族だけで子どもを祝福したのではなく、地域の人々がおおいに関わり、その行事を盛り上げていたことである。その場合の地域住民と家庭を結ぶものが土雛人形等の縁起物人形であった。一方、今日の家庭は、当時と比較すると、地域住民とのかかわりは簡素化されて、土雛等は祖父母や直接父母から贈られることが大半との報告をうけた。
　このように戦前の一家団欒の象徴的な場として考える三月節句の人間形成の

意義を考えた場合、当時の特徴として地域住民の影響力が浮き彫りになる。口やかましい存在ではあったが、地域の子どもを祝福し、子どもに心をかける地域住民の存在は大きかった。調査前の仮説として、父母の直接的なかかわりも今日以上に強いものがあったのではないかという仮説は、年長者からの報告を聞く限りにおいては、少し違ったものであった。もちろん父母のかかわり、子どもへの思いが希薄であったというのではなく、自分の子どもを祝福してくれる近隣集団の饗応に精一杯だったようで、いわゆる家族水入らずの一家団欒というものとは少し違ったようだ。したがって、子ども時代も、親になってからも地域、祖父母とのかかわり、思い出の方が強かったようで、三月節句において両親（父母）とのかかわり、思い出を熱心に述べられた報告者は少なかった。つまり節句時の行事は、親の近隣への気遣いを前提に、地域集団からの人間形成上の影響を強く受けていたものと考えることができるのではないか。

注

(1) 本節（初出）は拙稿「家庭生活における「一家団欒」の社会史的考察（3）」『梅光女学院大学論集31』平成10年、131-140頁を基に加筆訂正を加え記した。
(2) 土人形の主流は三月、五月の節句人形が中心で、江戸時代に入り生活が安定し、各地域で瓦を焼きはじめたことも、土人形製作と関係しているといわれ、加えて260年間の平安が庶民階層においても三月節句に雛人形を贈答する習慣を浸透させたものと考えられている。三月節句は雛人形が中心であるが、その他縁起物人形が多く作られ、子どもの健康安全を祈念して贈られた。当時の有名な生産地は江戸の今戸、仙台の堤、秋田の八橋、山形の相良。九州では福岡の博多、長崎の古賀、宮崎の佐土原（図4-3-10）、鹿児島の帖佐で、東の堤、西の古賀を伏見とあわせ日本の三大土人形と呼んでいた。

図4-3-10　佐土原土雛人形（鶴松館所蔵）

(3) 本表は『日本生活図引3 あきなう』弘文社、1988年、129頁及び、週刊朝日編『新値段の風俗史』朝日新聞社、平成二年、そして週刊朝日編『値段史年表』朝日新聞社、昭和63年を基に作成した。
(4) ただ、帖佐人形は昭和40年に保存会が発足し現在は再び製作がなされている。また古賀人形も伝統工芸品として一八代目小川氏が製作をつづけている。

参考文献

青山幹雄『佐土原土人形の世界』鉱脈社、1994年。
宇野千代・瀬戸内晴美他著『日本の工芸5 人形』淡交新社、昭和41年。
江馬努『四季の行事』中央公論社、昭和63年。
小田省三「佐土原土人形考第5葺」発行者小田省三（非売品）、昭和51年。
折口信夫『折口信夫全集第3巻、「雛祭りの話」』中央公論社、47-4頁、昭和41年。
斎藤良輔『郷土玩具辞典』東京堂出版、昭和56年。
大藤ゆき『子やらい（民俗民芸双書26）』岩崎美術社、1985年。
日本人形研究会編『人形読本』雄山閣、昭和8年。
『民俗の辞典』岩崎美術社、1975年。
『日本民俗辞典』弘文社、昭和58年。
柳田国男『定本柳田国男集第13巻』筑摩書房、昭和56年。

付　記
本節は以下の方々と佐土原、西都市近郊在住の年長者の暖かい御協力のお蔭で調査が実施できました。このことに厚くお礼を申しあげます。
　佐土原町文化財審議委員　青山幹雄氏
　佐土原人形5代目窯元　岩切和子氏
　佐土原城址歴史資料館「鶴松館」杉尾壽澄氏

第4節　正月行事に見る地域住民との一家団欒とその人間形成[1]

　前節で年中行事の中の三月節句の持つ人間形成機能を一家団欒との関連で考察したが、本節でも同じ視点にはなるが、年中行事の中の「正月行事」に焦点をあて、一家団欒や地域住民との関わりの中で、どのように子ども達の人間形成に機能してきたかを年長者からの面接調査で考察した。

(1)　課題：正月行事の中の一家団欒と地域との関わりのプロセス

　本節の課題は、正月行事が一家団欒も含めて地域の人々とどのような関わり、プロセスをもって子どもの人間形成機能に影響をおよぼしてきたかを、山口県萩市・見島に現在も残る正月行事の鬼揚子（凧）上げを[2]通して考察するものである。

　前節では「宮崎県、佐土原町・西都市での三月節句」を通じて、そこでの一家団欒、親子交流、地域交流を考察した。そこでは、三月節句の人間形成機能として、家族水入らずの、日常生活では営為できない、密なる親子の紐帯を育んでいたが、同時に地域の人々が「土雛人形」の贈答を通して、子どもと近隣集団の関係を築き、地域の子として祝っているという解釈もできた（土雛は家族からよりも、親戚や地域住民からの贈答が多かったという述懐等）。これは子どもへの関わり、教育が単に家庭だけで営まれていたというよりも、近隣集団（地域）からの子どもへの教育の強い可能性を意味する。とりわけ「節句」という年中行事は地域が子どもを祝福する場として強く作用しており、当該家族は子どもに心を向けると同時に（年長者からの面談では、自分の子どもへの祝福以前に、地域の人たちへの饗応、御礼を意識していた感が強かった）地域の住民に心をかけていた。そして、このプロセスを通じて地域住民も子どもの人間形成に強く関わり、親はそれらの地域の教育力の後押しを受けながら、家庭の教育力として子ども達との関わりを強めていったのではないだろうか。

　そこで本節では、以上のような仮説を、正月節句を通じて再確認することと、地域の人々がどのように個々の「家庭」と関係を持ち交流しているのか

図 4-4-1　小学校の校庭で正月休みに揚子上げに興ずる親子
正月に標準サイズの鬼揚子を学校の校庭であげている見島の親子（2000 年 1 月撮影）。

プロセスについての考察をこころみた。もちろん、面接では戦前からの家庭生活、親子関係、一家団欒についても聞き書きした。

　萩市・見島を調査対象として選定した理由は、正月行事として、今日でも、初子長男の祝福のために、一家をあげて、また地域の手を借りて、正月・元旦に巨大（3〜6畳ぐらい）な凧・鬼揚子（オニヨウズ）を上げる風習が残っているということからである。

　宮本常一などが実施した「昭和35年見島総合学術調査（報告書）」[3]においても、

　　長男の初正月には、1日から3日まで、6畳敷から8畳敷もの大凧での祝儀のヨウズ揚げが行われる。すなわち、早い家では前年12月の14・15日ごろから、男の初子のある家に親戚のうちの巧者が毎晩集って、大ヨウズ・・・独特の鬼の絵や武者絵を描いた障子凧を正月までに作りあげるのであって、その材料の竹と障子紙は親戚懇意あたりから持ち寄り贈るしきたりになっている。これを元旦早朝から、凧ひとつに島の青年達4・5人も加勢して、島の平坦地・・・俗にいう「8町8反」の麦畑で競い揚げるという祝い行事である。そして当家では、祝ってくれた親戚・懇意とかヨウズ揚げ加勢の青年たちに、初正月祝いの馳走を振舞うことになる。

と報告されている。

このように、見島では、戦後も正月の大凧上げ行事を通じて、地域の人々が子どもを祝福する習慣が残っており、本課題の「正月行事」「地域との関わり」「子どもへの祝福」といった条件が揃っていることから、今回の調査地域として選定した（見島では大凧のことを、鬼揚子と呼ぶが、ここでは、以下大揚子と記す。また小さい、一人で上げることのできる凧を揚子と記す）。

(2) 面接調査の方法

全般的な面接方法は前節と同じで、半構造的な面接ですすめた。

① 調査地域（見島）の地勢的概要及び、調査対象者
a. 島の概要（調査当時）

山口・萩市の北西44kmに位置する離島で周囲17.45km、巡航船で約70分。人口は1257人、戸数592（平成13年度）である。主要産業は第一次産業で、保育所（幼児数21人）、小学校（児童数46人）、中学校（生徒数27人）が1校ずつある。航空自衛隊関連の戸数が64（人口266）あり、島内行事の実施については、ここからの参加が不可欠な状況にある。商店が6軒、また旅館が3軒、民宿が2軒ある。島内の年中行事は表4-4-3を参照。

b. 調査対象者

年長者の選定は見島本村地区及び宇津地区の、老人会を通じて、その地域に幼少時から居住している、原則70才以上の記憶の確かな年長者を推薦してもらった（表4-4-2）。

表4-4-2　面接者の性別及び年齢

大正9年以前生まれ	男性2名　女性1名	大正10～15年	男性5名　女性4名
昭和1～5年	男性2名　女性1名	昭和6～10年	男性1名

合計　男性10名　女性6名　合計16名

表 4-4-3　見島の年中行事（今日では実施されていないものが多い）

1月1日	若潮（海の水）で、仏壇、神棚等を浄める。また、若水（最初の井戸水）で、茶を点じ、一家で飲む。
1月4日	福入り雑炊、農夫は野良仕事に出る。
1月5日	「オヒマチ」神主が各家庭をまわり、祝詞を奏す。
3月21日	彼岸の中日、墓参り、牡丹餅や団子を作って配る。
4月3日	桃の節句
4月8日	花祭り
5月5日	ゴレイ（五月節句を地元でゴレイと呼ぶ）　笹巻きを作る。
5月中旬	麦ウラシ　農繁期に入る前の唯一の慰安日。ご馳走を作り、子どもが村人を楽しませる。
6月1日	コオリトカシ　カキ餅を焼いて食べる。
7月初旬	土落とし　稲の植え付けが終わった時にご馳走を作り労をねぎらう。
8月7日	七夕祭り
8月13～16	盆踊り
9月28・29	島神社大祭
10月9日	菊の節句　栗飯を食べる。
11月亥の日	（亥の子）
12月中旬	大揚子作り

多田健介著、「美志満」創刊号（下関在住見島郷土会発刊）を参照とした。

② 面接時の主たる質問内容及び調査期間

a. 面接時の主たる質問内容

半構造的な面接法で、表 4-4-4 に記す内容を主に実施した。

表 4-4-4　面接時の主たる質問内容

① 正月・大揚子上げ行事までの家庭と地域との関わり
② 正月・大揚子上げ行事当日の家庭と地域との関わり
③ 　親（祖父）としての大揚子上げ行事に対する心持ち
④ 地域・近隣集団の一員として大揚子上げ行事に対する心持ち
⑤ 現在と当時の違い（地域と家庭の交流、関わり全般について）
⑥ 揚子（通常の小さな凧）上げの思い出
⑦ 当時の家庭生活全般の様子
⑧ 家族の思い出

b. 調査期間

調査期間は 1998 年 12 月から 2001 年 11 月で計 7 回訪島した。

(3) 結果：大揚子上げのプロセスと地域住民の関心

① 大揚子上げ
a. 大揚子上げのプロセス

多くの年長者から示された初子（孫）長男誕生から、正月大揚子上げまでの、一般的なスケジュールは以下のようなものであった。また、そこでのエピソードも付記しておく。

表 4-4-5　初子・長男誕生

近隣、親族への通知であるが、これは、いつのまにか親族・近隣に伝わっており、自然と「大揚子」作りの話しが出ている。ことたてて、近隣に知らせる必要はなかった。

表 4-4-6　親族、近隣地域からの贈答（祝い）

長男誕生の知らせを受けて「お祝いの品」が贈答される。一般的には、寸志（現金）、酒、そして揚子作りのための傘紙が多い。そのやりとりの中で、頭取（一般的には、その子どもの祖父）が、揚子作りの日を決める。通常12月下旬で、15日から遅くて30日。揚子作りの中心となる人の予定や、大安日を基に選ぶこともある。

表 4-4-7　大揚子作り当日

当日は、8時か9時頃に集まる。午前中（骨作り）に一回は一服し、昼御飯も用意。接待係りも含めて、20～30人はかかわる。揚子の大きさは家の出入り口等の大きさとも関係し、だいたい1日で作り上げる。午後はヘコ作りが主で、3時頃に一服がある。女性は宴会の下準備をはじめる。正月の揚子を上げる日も決め（だいたい頭取が決め、正月二日の物はじめが一般的だが、とにかく風の良い日を選ぶ）、また皆に協力してもらわないとできないので、当然皆の都合を聞きながら決める。夕方5時頃には完成。完成すると、初孫は、大揚子を後ろにしてヘコに座るのが一般的。夜の宴会は、女性は台所で飲食するのが通例（おしゃくはしないということから）。宴会では、暫く飲食し、程良い時間で、「ショウガエ節」[4]が謡われその後は無礼講となる。

表 4-4-8　正月の大揚子上げ当日

現地での頭取（大揚子上げを指揮する人）は、てご（手伝う）する人（15～20人はいる）に御神酒や、つまみをふるまう。ほとんどが一日だけ上げ、二日上げるのはまれ。女性は、大揚子が上がるのを少し見て、皆より早く帰り、宴会の用意をする。大揚子の保管は、各家で。処分の方法は各家で違う。記念に残して天井に吊すこともある。たいていは、いずれ処分する。大揚子上げ終了後は宴会（大揚子製作の時と同じようなもの）。

図 4-4-9　当該家庭からの大揚子の搬出

図 4-4-10　大揚子上げ前のお神酒の拝受

図 4-4-11 てご（手伝い人）による準備

図 4-4-12 大揚子が目出度く舞い上がったところ

b. 大揚子作り・大揚子上げ当日のエピソード

表 4-4-13 大揚子上げのエピソード

- 孫のために、親戚、近所 30 人ぐらいで祝った。
- 源水（地元の大凧制作の一人者）さんに、書いてもらった。
- 大揚子については、自分は次男なので関係はなかった。もちろん自分の子（初子長男）の時には作ったが。

- 外孫なので、孫のために大揚子を作ってやりたかったが、それができず1メートルぐらいのを作ってやった。
- 自分の孫のために、大揚子を上げるのは本当に嬉しい経験（大揚子上げは人のものばかり手伝っていたので）。
- 小さいときに（小学校に入るか、入らない頃と思う）、祖父について、大揚子作りの家によくくっついて行った。
- 大揚子が上がったときは本当にほっとする。てごのものも同じ気持ち。
- うちの孫で酒は約100本贈られた。接待も大変だが。
- 29才の時、大揚子を長男のためにやったが、嬉しさ半分、大変さ半分。
- 大揚子作りの、6日前に魚を注文し、鶏をしめ、タコ、ウニを用意する。
- 大揚子作りそのものは、あまり金がかからないが、振る舞いの方にお金がかかる。
- 自分は作るかどうか迷っていても、親族がその材料を持ってくる。
- 揚子作りの親の気持ちとしては、とにかく、揚子のような元気な子になってほしいこと。
- 縁起物的なところがあるので、こわれたり、上がらないと良くないので、日を選んであげる。
- 嫁は裏方（台所）で頑張る。接待もする。

② その他のエピソード

a. 揚子上げ（標準サイズ）の思い出

表 4-4-14 揚子上げ（標準サイズ）の思い出

- 昔は、大きいのも、小さいのも正月には本当によく上がっていた。
- 小学校4、5年ぐらいになると、半紙一枚ものの傘紙を買い、自分のものは自分で作るようになった。
- 玩具がなかったので、唯一の遊び道具。
- 正月には、小さい揚子なら20から30は上がっていた。
- 親父が一生懸命作ってくれたので、大事に（破れないよう）あつかった。
- 揚子には名前を書き糸が切れたときの（本土まで飛ぶときがあった）持ち主を分かるようにした。
- 揚子上げのきらいな子は、長生きしないとも言った。勉強はできるけど、健康ではない（外での寒風下におれない）ということ。
- 正月前に親がよく揚子を作ってくれて、学校に朝いく前から上げて遊んだ。
- 親が作ってくれると寝れないぐらい嬉しくて朝起きたらすぐ上げに行った。
- 次男には兄弟げんかしない程度の揚子をつくる。
- 小さいときは、祖父や父が揚子を作ってくれ、一緒によく上げた。
- 子ども（小学生4年くらいから）同士でも、弟なんかにも上げ方、作り方を教えた。

b. 祝いごと（三月、五月節句等）のエピソード

表 4-4-15　節句時のエピソード

- 「雛さ、立てるので皆さん来てくれませんか」と呼びかける。男衆はあんまり関係ないので、1人か2人おれば十分。朝から立てて3時か、4時ぐらいまでで立てる。その後は宴会。
- 嫁の家から内裏さまがくる。
- 三月節句は一日中宴会した。
- 三月節句や端午の節句など、近所の人が見に来たら、お接待（女だけならお茶）。
- 夜は男衆が来て、10時頃まで宴会をやる。
- 宴会では、女衆は台所で飲み食い。
- 今頃は、昔のようにできなくなった。
- 鯉のぼりの時も、親戚から幟をもらった。竹は、萩からとりよせる。
- 親戚、近隣は這う子さ（1mはある）を送り、6畳ぐらいの部屋に並べ飾る。
- 五月ゴレイ（節句）では、近所がまず、鯉幟を持って行く。飲み代や、祝い金も5月5日までに持って行く。ゴレイの当事者は、ゴレイまでに祝い（お返し）を提げて各戸を廻る。5月5日に幟を立てる。
- 鯉幟も初子長男ができれば持って行く。紙製なので、そんなに高価ではなかった。当然雨が降った時は家にしまう。
- ひな祭り（旧3月3日）は、ほうこ（這う子）さに宮参りの時の着物を着せる。家の格に合わせて、それぞれの規模で祝った。
- 日柄のいい日（大安、友引）を選んで、幟などを持って行った。
- 子どもが生まれたときは、津和野のタイコウザンにお礼参りによく行った。
- 長男、長女が生まれたら、昔は25センチぐらいの大きなボタ餅を作って近所に配った。
- 五月の「麦熟らし：裏山で、小屋など作り、家族でうまいものを食って一日、のんびり楽しむ日」は本当に楽しかった。
- 三月節句は、それぞれの家にまわり、お菓子などをもらう、楽しいイベントだった。

c. 家庭生活・親子関係・一家団欒のエピソード

表 4-4-16　家庭生活・親子関係・一家団欒のエピソード

- 遊興のために本土に行くということはめったにない。むしろ病気の時に行く。
- 学校での遠足は年2回宇津観音（島内）、ただしお菓子、弁当をもっていける。
- 家族は飯時には必ず集まれる時には集まって飯を食った。盆、正月は白飯。普通は麦飯。
- 子どもの頃の遊興の思い出は盆の3日間ぐらいでとても楽しかった。
- 夕食時は、よく学校での出来事を親に話した。
- 祖父から、夕食時に世間の話を聞いた。それが「しつけ」になっていた。

- 小さい時、毎月17日の宇津観音様参りは、子どもが入るくらいの小さな布団を作ってもらい、母親と一緒に、夜籠りに行ったが、とても楽しい思い出。夜籠りでは、うまいご飯が食べられ、詠歌を謡っていた。
- 年4回（1、3、7、11月の21日）の御大師講は、ご馳走が食べられて楽しかった。
- ひな祭り、ゴレイ（5月節供の見島の方言）、盆はうまいものが口に入り、楽しみだった。普段は麦飯。
- 遊興での外出は島内のみ。娯楽は無いので映画会を催すと大変な盛況であった。
- 草履をよく自前で作っていたこと。
- マッチは、ハガキを短く切って、先にイオウをつけて火種から移していた。
- 医者の払いは盆、暮れのみで、日常生活には現金はできるかぎり使わなかった。
- 古くなったかすりと、かすりを合わせた「ドンダ」という着物を着ていた。
- 子どもの手伝いとして男の子は牛の藁切り、女の子は拭き掃除や井戸の水汲み。
- 家長は一杯飲んで早く寝ていた。
- 夜なべとして、嫁はドンダ作り、男は藁あみ。
- 小2の頃から牛の入れ替えなどの手伝いごとをしていた。
- 板間拭きや庭を掃除してから遊びに出た。
- 次男、三男は家を継げないので、かえって勉強しろといわれた。
- 親が学校に行けなかったので、農繁期にもかかわらず、かえって学校に行けといわれた。
- 農繁期は両親は朝早く、夜は遅くまで仕事をしていたので、その時期は爺ちゃん、婆ちゃんにそだてられたようなもの。
- 生活の中で、いろいろ教えられた。とりたてて、勉強しろとは言われなかった。
- 祖父母は白飯で、親は麦飯。子どもはたまに、白飯を食わしてもらった。
- 晩飯を食ったらもう疲れて寝ていた。電灯は9時までだったし。
- ご馳走食えるのは、正月、盆、節句ぐらい。
- 爺ちゃんの揚子作りを、そばで見ていたのが、幼少の思い出。
- とにかく、ご馳走は正月とか節句の時だけ食えた。
- 上級生がよく面倒をみて遊んでくれた（海、陣取り、こま回し）。
- 七月初旬の泥落とし（田植えが一段落した後）は、島内で一斉にやり、ご馳走が食える楽しいひとときであった。
- 子どもが、病気などをすると、親は観音様に願をかけによく行った。

d. 節句・行事等の地域との関係、人間形成上の意味

表 4-4-17　節句・行事等の地域との関係、人間形成上の意味

- 大揚子作りなどの行事を通じてお互いに信頼関係を作った。
- 子どもを地域（町ぐるみ）で、たくさんの人で育てるということに意味があるのでは。
- 皆で祝うということは大きな意味があるのでは。
- お互いさまなので、鯉幟などを与え、また返してもらうことに意味があるのでは。

- 隣近所と助け合う中に、子どものしつけがあったように思える。
- お互いに手伝う（大揚子作る）ことにより、近所の子どもに目を向けることができた。
- 大揚子を作っているので成長してからも、その子に心が掛けられる。
- 大人が祝い事や行事をすると、自然とそこに子どもが集まる。

(4) 考察：大揚子作りの中での一家団欒と地域住民との関わり

　本調査の焦点は、正月行事の大揚子をとおして、家庭と近隣住人の関係を詳述することだが、前述したようなエピソードから以下の印象をもった。
　①行事の実施にあたり、近隣住人はあたりまえのこととして、それに参加しているということで、いつのまにか初子長男ができたことが知れわたり、近隣住人が無理なく段取りを決め手伝うということである。②これらが可能なのは、やはり普段からの自然な付き合いがあるからで、この日常の普通の付き合いが、「大揚子」作りを可能にし、子ども達の人間形成にも有形無形の影響力を持つに至っているのではないだろうか。③エピソードの中では語られていないが、地域住民の大揚子づくりは「生児誕生祝福」への一連プロセスであって、このことの人間形成上の意味は計り知れないものがあると考える。
　このように、見島での正月行事は地域全体が子どもに関わる最初の場であり、それを通じて家庭と地域がさらに密接になる。そして、この行事のプロセスでの中で地域住民が当該家庭に入り込む形で一家団欒が営まれているということである。また、正月行事以外の節句などでも、宮崎県の佐土原、西都市での聞き書き調査同様に地域住民と当該家庭が一体となって一家団欒が営まれていた。ただ、正月行事以外の年中行事については、戦後暫くは、地域が子どもを祝福していたようだが、今日では主に三世代だけの間で営為されることが多いということで、見島のような地域住民の紐帯が強い地域でもずいぶん様変わりしてきているということをあらためて実感した。

注

(1) 本節（初出）は拙稿「正月行事と人間形成」『大阪商業大学論集 130 号』平成 15 年、63-74 頁を基に加筆訂正を加えて記した。
(2) この図柄で大揚子は畳 3 畳から 6 畳ぐらいのものになる（写真のものは地元の名匠「源水」氏の作品）。下部の二枚の横縞の足部が「ヘコ」と呼ばれる。大揚子上げがいつごろからの風習かと地元の古老に尋ねると「大昔」という返答がかえってきた。

(3) 山口県教育委員会発刊「昭和 35 年見島総合学術調査（報告書）」昭和 39 年。
(4) 見島において婚礼、誕生祝い、歳祝い、新築落成等の祝賀宴会において必ず謡われる祝い歌で、これが入った後は無礼講になる。一番、二番は招待客側が謡い三番は接待側の「頭取」などが謡い返し、一応宴会は締めとなるとのことである。一番：先ず今日なる御祝に、万吉日なる日をとりて、床に掛けたる掛物の、前に供えし三宝の、台の周りに松植えて、一の枝には金がなる、又その次なる二の枝に黄金白銀米がなる、三と呼ばれし其の枝に、鶴が囃して亀が舞う、といった歌詞である。

参考文献

見島中学校創設五十周年記念事業推進委員会編「魅・美・見島」平成 9 年。

付　記
　本調査にあたって山富正助御夫妻をはじめ、調査ご協力いただきました見島の方々に心よりお礼申し上げます。

第 5 章
戦時下における家庭生活・親子関係・一家団欒

　本章では近現代史の中で家庭生活を営むことが最も困難であったと思える戦時下における親子関係や一家団欒について考証した[1]。また、年長者の戦時下のエピソードから一家団欒の生成条件についてもあらためて考察したい。

▼

(1)　課題：戦時下の家庭生活から考える親子関係・一家団欒・家庭の教育力

　戦時中の家庭生活は社会全体が経済的に困窮し、家族の柱である父親や男兄弟が徴兵により家族から離れるなど、一家団欒を営むには最も難しかった時代であると考える。この時代の親子関係や一家団欒の様子を考証することは戦前、戦後の史的連続性を概観する上で不可欠なことに加え、家族や家庭の教育力の本質をより明確にするものではないかと考えた。このような問題意識から、本章では戦時下の様子を年長者から語ってもらうことにより、その当時の親子関係や家庭の教育力がどのように営まれていたかを「一家団欒」を中心に考証した。また同時に一家団欒を生み出す生成条件が何であるかについても考察した。

(2)　調査の方法

　面接法により、日中戦争がはじまった頃（1931年頃）には物心がついていた年長者を対象に（昭和2年以前生まれの方）、当時の一家団欒を中心とした家庭生活全般を聞き書きした。ただ、特殊な時代の私的な事柄であり、従来おこなってきた第三者（筆者）からのインタビューより、近親者が面接したほうが好ましいと考え、面接者（調査者）を筆者の授業履修者（短大女子1年生）

として、その身内（祖父母・曾祖父母になる）を中心に実施することにした。戦時中という家族・近親者の死を体験する確立の高い家庭生活全般については、これまでの面接経験から、心的感情を語ってもらうのは大変難しいという印象を持っていたため、近親者を聞き手にするといった、年長者の話しやすい環境をつくることが、この面接調査のポイントと考えた。

前節同様、想起の助成や、話したくない事柄の追求質問はしないということを、聞き手（短大 1 年生）に徹底させた。また面接者にはこの調査における「一家団欒」の概念として「家族が楽しく集い、ホッとする雰囲気、状況で、一般的には夕食時や夕食後、また旅行時、遊興時に営まれる」という内容ですすめてもらった。また第 2 章で示したイメージ図も併用してもらった。

調査期間は平成 8 年 10 月から平成 10 年 9 月までで、女性 128 人、男性 60 人、計 188 人の年長者からの報告を収集できた。

主な質問内容は、①戦中、戦後等の年代別による一家団欒の有無、②戦前のどの年代（日中戦争あたり、太平洋戦争が始まった頃、昭和 19 年頃、終戦直後、終戦 1 ～ 2 年、終戦 3 ～ 5 年、終戦 6 年以降）から一家団欒の営みが消失し、また戻ってきたか、③戦時中、戦後での一家団欒・家庭生活・家族に関する思い出、とした。

(3) 調査結果：戦時下の一家団欒

以下、面接調査での結果を示す。一家団欒の思い出については、その内容が一家団欒とは無関係と判断したものについては割愛した。また口述内容については原則、標準語に言い換え記述した。

① 一家団欒の有無についての年次変遷

図 5-1 から、半数には至らなかったが、約 45％ の年長者が、戦争に関係なく戦時中においても一家団欒があったと回答しており、経済面、家族関係全般において大変厳しい状況にもかかわらず家庭生活において、一家団欒が脈々と営まれていたことがわかる。ただ、半数近くは一時的に戦争の影響から一家団欒が家庭生活から無くなっており、この時代が家庭生活史上きわめて特殊な時

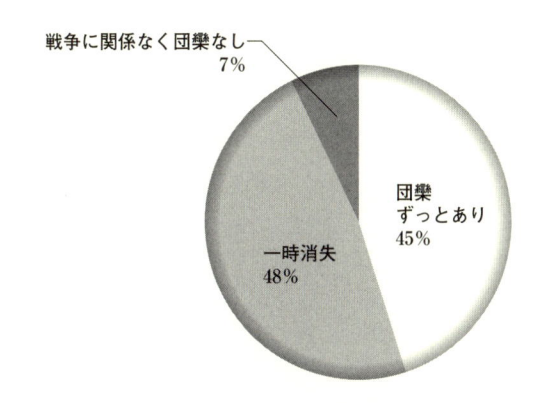

図5-1　戦争による団欒の消失

代であったことも再確認できる。

　また、図5-2より、一時的に一家団欒が無くなった時代は、「終戦が近づいてきたころから終戦直後ぐらい」「太平洋戦争がはじまったぐらいから終戦直後ぐらい」「日中戦争がはじまったぐらいから終戦後ぐらい」の順で高かった。戦争中だけではなく、戦後しばらくは一家団欒が無かったと回答した面接者も多く、食料問題と、家族の戦地からの帰還が一家団欒の有無に関係していることが考えられる。

　また、図5-3から、一家団欒が姿を消していった年代の変遷が理解できる。日中戦争が始まる昭和11、12年頃はまだまだ、一家団欒は営まれていたが、太平洋戦争の始まる昭和16年ぐらいから、だんだんと減少し、終戦前後がピークで、戦後も暫くは一家団欒の営みが戻らない家庭が残っていたことがわかる。昭和26年ぐらいになって、やっと大半の家庭で復活した感がもてる。

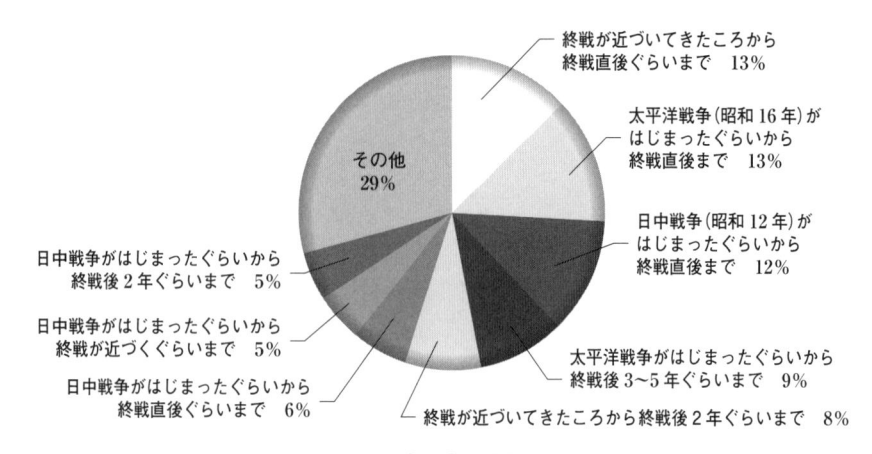

130　第5章　戦時下における家庭生活・親子関係・一家団欒

図5-2　一家団欒の消失時期

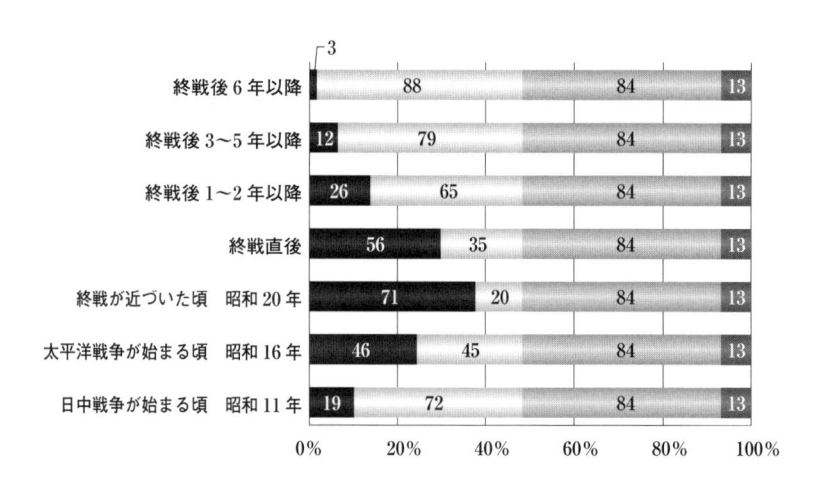

- 終戦が近づいてきたころから終戦直後ぐらいまで　13%
- 太平洋戦争（昭和16年）がはじまったぐらいから終戦直後まで　13%
- 日中戦争（昭和12年）がはじまったぐらいから終戦直後まで　12%
- 太平洋戦争がはじまったぐらいから終戦後3〜5年ぐらいまで　9%
- 終戦が近づいてきたころから終戦後2年ぐらいまで　8%
- 日中戦争がはじまったぐらいから終戦直後ぐらいまで　6%
- 日中戦争がはじまったぐらいから終戦が近づくぐらいまで　5%
- 日中戦争がはじまったぐらいから終戦後2年ぐらいまで　5%
- その他　29%

	日中戦争が始まる頃 昭和11年	太平洋戦争が始まる頃 昭和16年	終戦が近づいた頃 昭和20年	終戦直後	終戦後 1〜2年	終戦後 3〜5年	終戦後 6年以降
■この時期団欒無し	19	46	71	56	26	12	3
□この時期団欒有り	72	45	20	35	65	79	88
■戦争に関係なく団欒有り	84	84	84	84	84	84	84
■戦争に関係なく団欒無し	13	13	13	13	13	13	13

※数値は人数

図5-3　年度別一家団欒の有無

② 戦時中、戦後の家庭生活と一家団欒の思い出

表5-4 戦中・戦後の一家団欒、家庭生活、家族の思い出

- 食料を探すために両親がいなかった。
- 主人が兵隊として出たために、その間ずっと家族と共に帰りを待っていた。残念ながら昭和23年に死亡報告。
- 灯火管制のもと灯りをつけられなかったこと。
- 空襲がなくなり逃げる必要なくなってきて少しずつ一家団欒が戻ってきた。
- 父、母ともに戦争にとられなかったので、家族そろって幸せだった。
- 兄の出征の心配。小さな電灯に黒い布をかぶせて、ひっそりと食事をした思い出。
- 男手が一人去り、また一人去り私も従軍看護婦として家を去るようになり一家団欒はなくなった。
- 召集令状がやはり家庭の雰囲気を暗くしていった（今から考えれば）。
- いつも早く戦争が終わればと話していたこと。
- 一家団欒の思い出なんかない。悲しいことのみ（敗戦直前父の戦死）。
- 兄弟や義父が戦地に行くまでは家族が全員そろっているというだけで幸せだった。
- 皆無。出征した兄がかえってこなかった心配や、自分が高等小学校卒業後どこに就職するかわからないという不安もあった。
- 一家団欒の雰囲気を感じたのは、出征時皆に祝ってもらった時と、戦後外地から帰ってきた人を迎えた時に酒宴をしたときぐらい。
- 明日の食料の心配ばかりで楽しい話などなかった。
- 外地にいる時は普段どおりの家庭生活があったが、戦後帰国後は一家団欒が消えた。
- 食糧難で家族がオカユ、イモなどを食べ励ましあい一生懸命日本がよくなるよう話しあっていた。
- 食料がなかったのでぜんざいをお腹一杯たべて死にたいと考えていた。
- 戦時中だったのでかえって一家団欒を大切にしようとした。
- 終戦後1年ぐらいたって、すさんだ気持ちも落ち着きはじめ、郷里に帰って、食べるものは粗末であったが家族揃っての食事は戦時中と比べ夢のようであった。
- 終戦近くは、空襲でいつも防空壕に逃げ込まなくてはならなかったので家族の話どころではなかった。
- 暗い部屋のなか、また食物の無かった時代でしたが家族で顔を合わせながら食事ができた時代であった。
- 夜は電気がつけられないので縄にしみ込ませた油を燃やした程度の灯りで過ごしていた。あとは、ラジオを聴く程度。
- 防空壕の恐い思い出。
- お米をもっての別府旅行。
- 戦地には誰一人家族は赴いていないので、それだけで一家団欒があった。
- 空襲時に、どのように皆で逃げるかが、家族の集いの課題であった。
- とにかく貧しかった思い出。
- 捕虜になり殺されると思ったので家族のもとに帰れたときは何ともいえない気持ちであった。
- 毎日の生活に追われ不安でいっぱいだった。
- 祖父が戦後、家にもどってきて本当に嬉しかった。

- 汽車に乗って父の実家に泊まりに行ったことが家族の嬉しい思い出として残っている。
- 外地に赴任中は家族が一緒でなかったので一家団欒は無かった。
- 戦時中は中国河北に渡っていたこともあって、親子3人楽しい一家団欒があった。終戦後も主人が帰還し、2男2女に恵まれ、父母と親子6人、主人の妹1人、計9人の大家族であったが本当に心安まる家族の団欒があった。父母が信心深い、理解ある人で家族に波風が立たず、おかげで4人の子供はとても素直に育った。
- 兄弟が多かったので腹がへったが、でも兄弟が多かったことが楽しい家族の集いになったと思う。
- 苦しい思い出ばかりであった。
- 戦争が長引くにつれて一家団欒が少なくなってきた。
- 兄が出征したからといって家は暗くならなかった。それは喜んで赴いたので。
- 腹は減っていたがやはり家族が集う時は楽しかった。
- 戦時中、出征して家族と離れていたので一家団欒の思い出はない。
- 戦時中、また戦後暫らくは、とに角、食糧難で人間のエゴが出て、それぞれ勝手にご飯を食べたりで、一家団欒どころでなかった。
- 両親の気持ちとしては(推察だが)、出征した子どもが帰還するか心配で、一家団欒どころではなかったと思う。
- 兄の出征のこと、また自分の就職も不安で、そんな一家団欒という楽しい思い出はほとんどなかった。
- 敗戦直後に父の戦死があり、悲しいことばかりで一家団欒の思い出はない。
- 食糧難で、両親はいつも食料探しにいっており、家には両親がいないことが多く一家団欒どころではなかった。
- 灯火管制ということもあって明るい集いという思い出はない。
- 終戦後、空襲がなくなり逃げなくてもよいということが実感するにつれて一家団欒が戻ってきた。
- 幸い親が出征しなかったので、家族が揃っていた分幸せで、一家団欒はあった。
- 7人兄弟(姉妹)の一番下だったが、食事の時もおかずを皆が分けてくれ、ひもじい思いをしなかった分、自分として一家団欒があったと思う。
- 出征した兄の陰膳の思い出。
- 戦時中、食糧難から2人の子どもを栄養失調で亡くした。家族の集い、一家団欒といえば少しの食料をみんなで分けて食べたつらい思い出ばかりです。
- 一家団欒が消えていったのは戦後であって外地(ソウル)にいるときは終戦直後であっても普段通りの団欒があった。でも苦しかったが家族の絆はむしろ強まった時代でもあったとも思う。
- 空襲ばかりで、いつも防空壕に逃げ込んでおり家族の会話どころではなかった。
- 家族の集いは防空壕に入ったという恐い思い出ばかりである。
- 暗い部屋。
- 灯火管制のもとの集い。
- 苦しい時代であったからこそ、かえって笑いを家族の集いで意識した。
- ひもじかったが、これにより家族間がお互いに励ましあった。
- 戦時中、食料の配給に大豆があり、それを炊き込みご飯にすると、当時3才の姉の子どもが「ワァー、お寿司ご飯」といって嬉しそうな声を出したので、それがかえって皆の笑いを取り、苦しい中の数少ない、家族が笑った思い出である。

- 当時は挙国一致体制だったので一家団欒という雰囲気ではなかった。しかし食事などは全員で集まって食べていた。
- 戦時中8年間戦地で戦い、生き残って故郷に帰り、就職でき一家団欒できたことは何よりも幸福と感じる。
- とにかく食物、物資が不足していたので家族の絆は強かったように思える。
- 食べ物が少なくなってきて皆で分けたことと、父親がいない思い出。
- 祖父が軍事工場に勤めていたことで、家にずっといてくれて心強かったことが嬉しかった。
- 戦争により、家族が暗くなるのが目に見えた。でもなるべく明るくなるよう心がけた。
- 父が戦地から20年に帰ってきて一家団欒が戻ってきた。
- 物がなかったけど家族が睦まじく暮らしていたと思う。
- とにかく家を守ることで必死だった。
- 敗戦後の廃墟から今日の我が国の繁栄をもたらした源は、その一つに家族の団欒と融和にあったと確信しています。

(4) 考察：戦争と一家団欒

① 戦争による一家団欒の消失

　半数近くの家族において一家団欒が一時的にでも消失していった事実を確認して、あらためて「戦争」という特殊な要因の大きさを痛感する。そして十数年間にわたって、このことが日本の家庭生活に深刻な影を落としたといってよい。その象徴的な回答例は、「召集令状がやはり家庭の雰囲気を暗くしていった（今から考えれば）」「（一家団欒は）皆無。出征した兄が帰ってこなかった心配や、自分が高等小学校卒業後どこに就職するかわからないという不安もあった」「明日の食料の心配ばかりで楽しい話などなかった」「防空壕の恐い思い出」「戦時中、また戦後暫くは、とに角、食糧難で人間のエゴが出て、それぞれ勝手にご飯を食べたりで、一家団欒どころではなかった」「両親の気持ちとしては（推察だが）、出征した子どもが帰還するかが心配で、一家団欒どころではなかったと思う」「灯火管制のもとの集い」「空襲ばかりで、いつも防空壕に逃げ込んでおり家族の会話どころではなかった」といったもので、「食糧難」「暗い灯り」「防空壕」「空襲」「出征」「召集令状」が家庭生活から一家団欒を消していったと考えられる。しかもこの暗い生活は終戦により、ただちに無くなったわけではなく、戦後も暫くの間は、食糧難も重なり家庭生活全般

が最も厳しい時期で、一家団欒どころではなかったと述懐する年長者が多く見られた。

② 戦時から考える一家団欒の生成条件

前述したように、半数の家庭において団欒が一時的に消失したが、約45％の家庭においては、まことに厳しい社会環境にもかかわらず、一家団欒が永々と営まれていた（頻度、質ともまことに細々としたもののようだったが[2]）と回答された。そこで、これらの回答者の家庭背景を概観し、あらためて一家団欒が営まれる条件を考察したい。

「一家団欒がずっとあった家庭」の回答例の主たるものは、「父、母とも戦争にとられなかったので、家族そろって幸せだった」「親戚どうし大勢で暮らし、かえってにぎやかになった」「戦地には誰一人家族は赴いていないので、それだけで一家団欒があった」といったもので、「家族が揃う」ことが第一の条件として考えられる。これに加えて「戦時中だったのでかえって一家団欒を大切にしようとした」「苦しい時代であったからこそ、かえって笑いを家族の集いで意識した」「ひもじかったが、これにより家族間がお互いに励ましあった」「窮乏生活であるがゆえに、家族幸福のために頑張った」という回答例から厳しい家庭環境を逆手にとって、家族の凝集性を高めたという事例も多い。このことから必ずしも社会的、経済的環境の劣悪さが、「一家団欒」の営みを阻害するわけではなく、一家団欒を生みだす最も重要な要因が家族へのおもい・愛情等の心的要因であるということを再確認できる。

注

(1) 本章（初出）は拙稿「一家団欒の社会史的考察（4）」『梅光学院大学論集32号』、平成11年、48-57頁、を基に加筆訂正を加え記したものである。
(2) 「団欒はずっとあった」と回答されている方のエピソードをみると、多くの方がまことに厳しい家庭生活を語られているということから。

参考文献

大橋和華『大学生からの伝言』近代文藝社、1994年。

第 6 章

戦前の家庭の教育力との比較に見る戦後の家庭の教育力[1]

　前章までにおいて、戦前の家庭生活をはじめとして、親子関係、一家団欒の営み、地域と家庭の関係も含んだ家庭の教育力を概観してきた。戦前の家庭では前述したように、子どもの人間形成に欠くことのできない「一家団欒」は必ずしも日常的に営為されていたわけではなかった。しかし、「親の働く後姿」や「家事労働の手伝い事」といった普段の家庭生活の中に、家庭独自の人間形成機能が残っていたし、地域の年中行事を通して家庭と地域は結ばれ、子どもへの目配り、心配りのできる環境が整っていた。一方、戦後の家庭の教育力について言えば、T. パーソンズをはじめとして様々な関連領域の研究者よりその機能の質的低下及び縮小が指摘されてきた。例えばE. Z. デージャーの社会変動促進モデル[2]からの核家族化や、A. M. ミッチャーリヒの「父親なき社会」いうことばに象徴されるように、家族成員の家庭教育への不参加等、家族の教育機能の低下に関する様々な理由が述べられている。また日本での多くの量的調査においても「家庭の教育力の低下」が取りざたされており、今後もその回復の難しさが指摘されている。このように今日の家庭の教育力の低下については今さら述べるまでもないが、今一度、前章までに報告してきた戦前の家庭の教育力と今日のものを比較してみたい。そして、戦後の家庭生活全般の変容や、一家団欒の営み、地域と家庭の連携の現状について概観し今後の家庭の教育力の回復についての一方途を考えてみたい。

▼

136　第6章　戦前の家庭の教育力との比較に見る戦後の家庭の教育力

第1節　戦後における地域と家庭生活の変容（地域と家庭の連携に焦点をあてて）

　第3章でも一部ふれたとおりで、戦後暫くの間は日本の家庭生活の形態も、政治体制の大変革はあれども、明治期後半から大正、そして昭和初期頃までの様子を色濃く残していたと考える。もちろん、地域や隣人集団からの影響を受けることが少なかったごく一部の都市部の家庭は明治期後半から近年にいたるまで大きな変容は見られなかったと考えるが、多くの農山漁村部の家庭生活や、そこでの家庭の教育力は戦後も暫くの間は、戦前の形態を踏襲していたと思える。ただ、その形態も少しずつ変容し、近年では確実に戦前の家庭とは違ったものになったと考える。以下、子どもの遊びの実態、一家団欒の営み、地域との連携等の史的変容を、年長者からの意識調査を中心に概観する[3]。

(1)　生活形態の変容

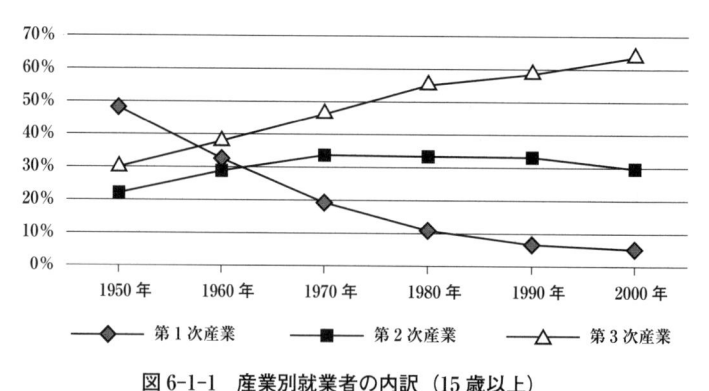

図6-1-1　産業別就業者の内訳（15歳以上）

　まず、戦後の就労形態や通勤形態等、マクロな視点から家庭生活全般に関わる変容を年長者からのアンケート調査を基本に各種統計調査を加味して概観する。

地域と家庭の密接な連携・紐帯の要点はいかに地域の人々がその生活時間を地域で過ごしているかということである。

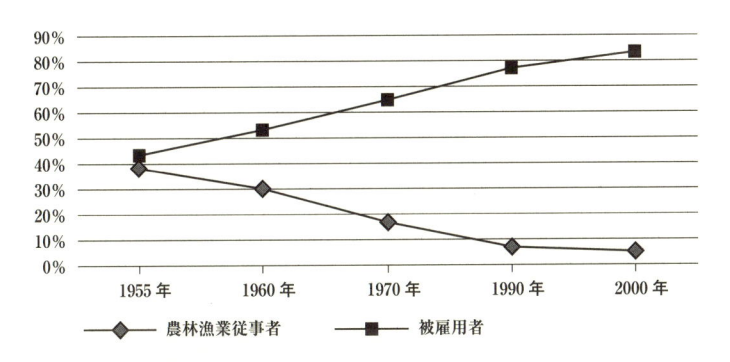

図 6-1-2　農林漁業従事者と被雇用者の就業者全体に対する就業全体に対する割合

　その点において図 6-1-1 から図 6-1-4 を概観すると、サービス産業化による（図 6-1-1）[4]、被雇用者の増加（図 6-1-2）[5]、それに伴う職住一体・近接（図 6-1-3）から職住分離・通勤時間の増大（図 6-1-4）[6] の結果、地域に住まいする人が、その生活地域で、一同に介するということが、非常に困難な時代になってしまったということである。このことから、戦前にはあった地域と家庭生活の連携がきわめて困難になっていることが容易に想像できる。

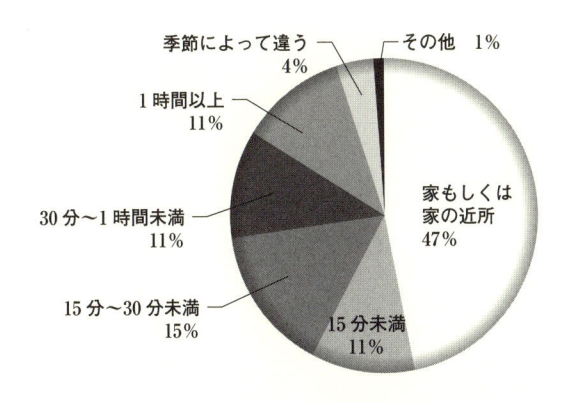

図 6-1-3　戦前の親の就労場所

138　第6章　戦前の家庭の教育力との比較に見る戦後の家庭の教育力

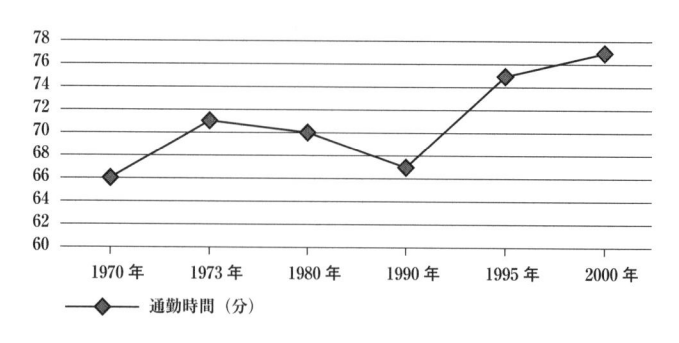

図6-1-4　有職者の通勤時間（分・往復）の推移

　図6-1-5は年長者からのアンケート調査による、戦後の家庭生活全般が変わってきたと思える年代を示したものであるが、この結果から推察すると高度成長期に入った昭和40年前後が一つの分岐点と考えることができる。このことと、マクロな視点からの家庭生活全般の変容を併せて考えると、この高度成長期に入る前までは、地域と家庭の連携が日本の多くの場・地域には残っていたのではないだろうか。

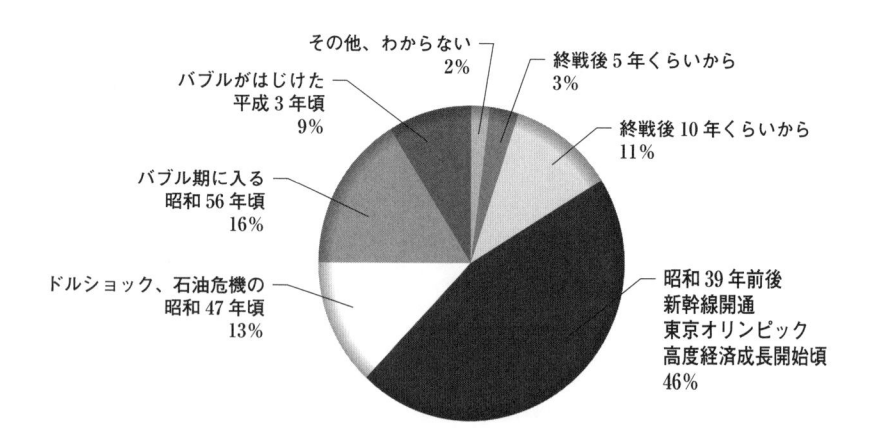

図6-1-5　家庭生活全般の変化を感じた年代

また、次頁の図6-1-7は、24時間化社会の影響[7]として考えられる家庭生活における昼夜の区別（昼間と夜間を明確に区別して行動しているかという問い：例えば夜間には原則家にいるとか、深夜には出歩くべきでないといった意識、観念）について問うたものである。この問いの端緒は戦後の家庭生活全般の中での最も大きな変化の一つを24時間化・年中無休社会への移行と考えるところにある。そしてこの変化が昼間と夜間の区別のない生活形態を生み出したのではないかと仮説する。この24時間化社会を生み出した要因の一つが近年のコンビニエンス・ストアの急激な増加（図6-1-6）[8]である。また、24時間営業だけではなく、年中無休の業務形態も日本人の一年の「暦」に対する観念（正月や盆、節句、年中行事を大切にしようとする意識）に少なからず影響を及ぼしているのではないだろうか。いずれにせよ、日本全国においてこの20年間で多くのコンビニエンス・ストアが日本の津々浦々まで出店したという事実で、このことにより、地域の生活形態が一変したことは疑う余地はないと考える。そのような裏付けのための問いが年長者から「昼夜の別の意識」である。

表6-1-6　コンビニの近年の出店傾向

県名・年度	86年	90年	94年	98年	2002年
北海道	260	439	727	1066	1241
青森	0	0	0	50	108
山形	0	0	5	89	248
群馬	100	199	286	406	454
千葉	467	659	827	1044	1150
静岡	102	293	495	694	727
岐阜	22	43	60	130	154
富山	0	19	35	68	138
京都	96	189	318	395	430
奈良	66	99	136	169	177
島根	0	0	0	40	55
山口	17	67	171	234	294
熊本	0	62	122	164	280
長崎	30	40	52	58	245
徳島	0	12	42	81	102
高知	0	0	0	21	44
沖縄	0	0	0	60	273

結果は多くの年長者が昼夜の区別が無くなったと感じており、これは現代社会の「24時間・年中無休社会」の浸透と、人々の1日の生活時間に対する意識や、休日形態、また昔から営々と営まれてきた年中行事等への参加意識を大きく変える可能性を示唆するものである。

大多数の日本人は、かつて正月を迎えるにあたり、年末・年始は仕事を休んだ。そして家族・親類が集い、子どももその周辺に座した。ただし、かつてといってもおよそ1970年代の半ば頃まではそのような習慣はまだまだ一般的であったと考える。それが、第三次産業の進展にともなって、外食産業やスーパーマーケット等による、年末年始の営業、またコンビニエンス・ストアによる年中無休の24時間営業等は、昼夜、また年間の暦に対する意識を大きく変えてしまったのではないだろうか。

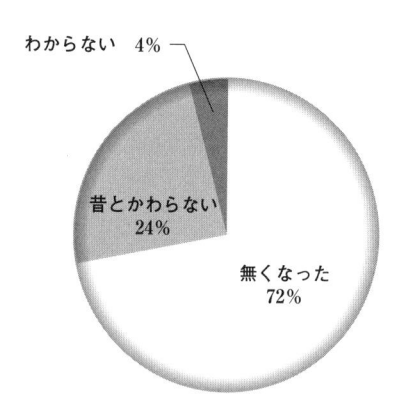

図6-1-7　昼夜の区別が無くなった？

とりわけ地方都市へのコンビニの浸透は、日本全体をいい意味でも悪い意味でも平準化させ、東京発の物や情報の消費により、地域や家庭にあった、独自の慣習や文化を衰退させる遠因になっているのではないだろうか。年中行事は

地域の独自性に支えられているところが多く、その意味でコンビニエンス・ストアの出店は地方に残っていた家庭や地域の年中行事の衰退と少なからず関連があるものと考える。

この「24時間・年中無休社会」に象徴される家庭生活の変化は、大正から、昭和にかけて日本の全土に電灯が普及し、日本人の生活スタイルを一変させたことと同じぐらい、私達の気づかないところで、子どもの人間形成にも大きな影響をもたらしているのではないだろうか。

(2) 子どもの遊びの変容（地域との関わりの中で）

以下、図6-1-8から図6-1-11までは年長者からのアンケート調査による戦前の家庭生活の中での子どもの遊びの変容についての結果である。

目新しい結果は見当たらないが、あらためて戦前の子ども達が、地域の様々な集団と交わり、地域と家庭が深く交わっていたことが理解できる。

「戦前の遊び集団の年齢層（図6-1-8）」をみると子ども達は異年齢集団との交流があたりまえであって、このことからいい意味での地域のルールや年長者との付き合い方などを自然なかたちで学んでいたことが分かる。また「ガキ大将の存在（図6-1-9）」も顕著であり、ここからも子ども達はリーダーシップのありかたなどを自然のうちに学んでいたことが容易に想像つく。「年上が年下の面倒をみたか（図6-1-10)」ということについても、あたりまえのように年上の子ども達が年下の子どもの面倒をみており、ここからも上下関係のありかたや、思いやりの大切さなど貴重な人間関係の流儀を学んでいたことが窺える。当然、遊び場は外遊びが主であって（図6-1-11)、子ども達は地域の大人達や地域の持つ自然環境にも自ずと馴染んでいたことが推察できる。

① 戦前の遊び集団の年齢層

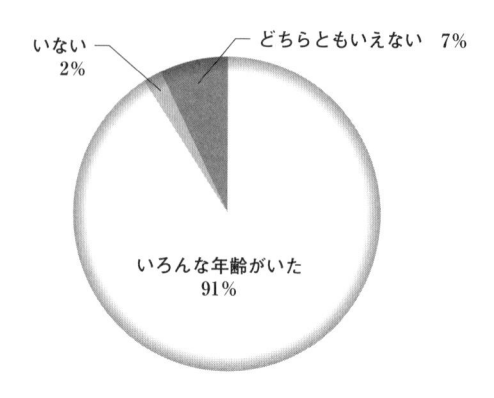

　　　いない　　どちらともいえない　7%
　　　2%
　　　いろんな年齢がいた
　　　91%

図6-1-8　遊び集団の年齢層

② 戦前のガキ大将の存在

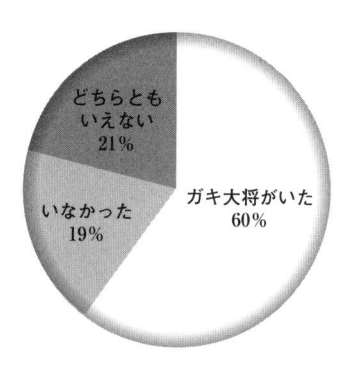

　　　どちらとも
　　　いえない
　　　21%
　　　いなかった　　ガキ大将がいた
　　　19%　　　　　60%

図6-1-9　戦前のガキ大将の存在

③　年上が年下の子の面倒をよく見たかどうか

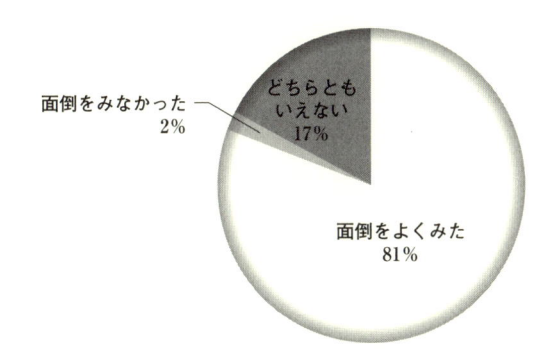

面倒をみなかった 2%
どちらともいえない 17%
面倒をよくみた 81%

図 6-1-10　年上が年下の面倒をみたか？

④　戦前の外遊びの状況

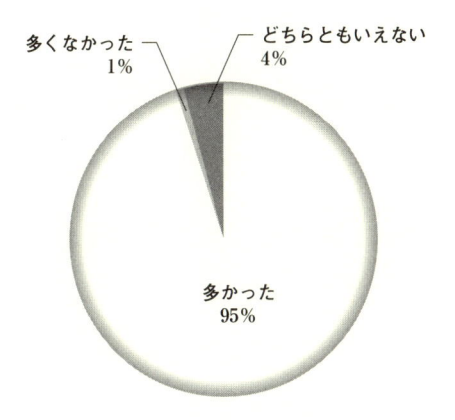

多くなかった 1%
どちらともいえない 4%
多かった 95%

図 6-1-11　外で遊ぶことが多かったか？

(3) 近年の一家団欒について

図6-1-12は、第2章の一家団欒の概念の中でも紹介した1990年調査の結果で[9]、「一家団欒を最も実感する時（一家団欒を感じていない子ども）」の内容である。この結果から推察すると、今日の子どもの約9割近くが一家団欒を日常的な身近なものとして体得している。その意味では戦前において、非日常的な営みであった一家団欒が、今日においてはあたりまえのものとして組み込まれるようになっている。ただ、一方において現代家庭の約10%の子ども達（中、高、大学生）が「一家団欒が無いので分らない」と答えており、この状況をどのように理解するかが今日的課題であると考える。

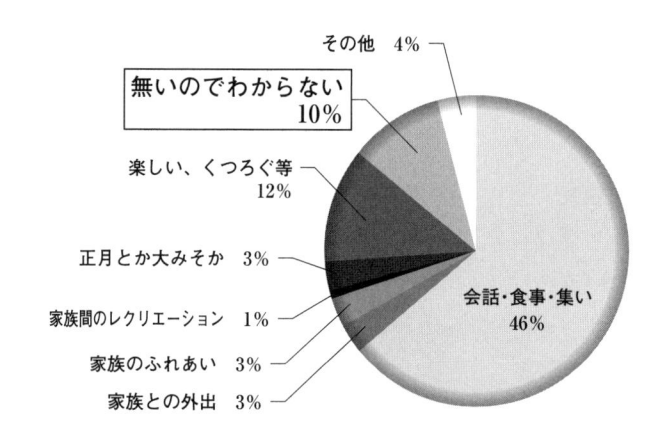

図6-1-12 一家団欒を最も実感する時（一家団欒を感じていない子ども）

- その他 4%
- 無いのでわからない 10%
- 楽しい、くつろぐ等 12%
- 正月とか大みそか 3%
- 家族間のレクリエーション 1%
- 家族のふれあい 3%
- 家族との外出 3%
- 会話・食事・集い 46%

(4) 戦後における地域と家庭の連携

前述したように、戦後の家庭生活において、一家団欒はきわめて日常的な営みとなり、多くの子ども達は、そこから得も言われぬ教育的感化を受けていると考えられる。この意味において戦後の家庭の教育力は飛躍的に向上したとい

えるであろう。ただし、今日の一家団欒は明治期後期の新中間層が目ざした、地域から独立した家族水入らずの「一家団欒」で、その意味においては戦前にみられたような、地域と家庭の連携を年々希薄にさせる要因にもなっていったと考えられる。

図6-1-13及び図6-1-14は、年中行事（節句や祭事、地域独自の行事）の減少した年代とその理由である。

年中行事と地域、家庭、一家団欒が密接に関係していたということは前章で述べたとおりであるが、戦後において年中行事の減少が漸次進行したことにより、地域と家庭の関係が希薄になっていったことが推察できる。また、年中行事の減少の理由として、経済的なことや時間がとれないといった物理・経済的理由よりも、「日常に楽しみがいっぱいあるから」「家族や近隣との交流が面倒」といった家庭生活のありかたや価値観の変化といった精神的理由をあげていることから、年中行事の回復、ひいては地域と家庭の連携の回復は大変難しいものがある。

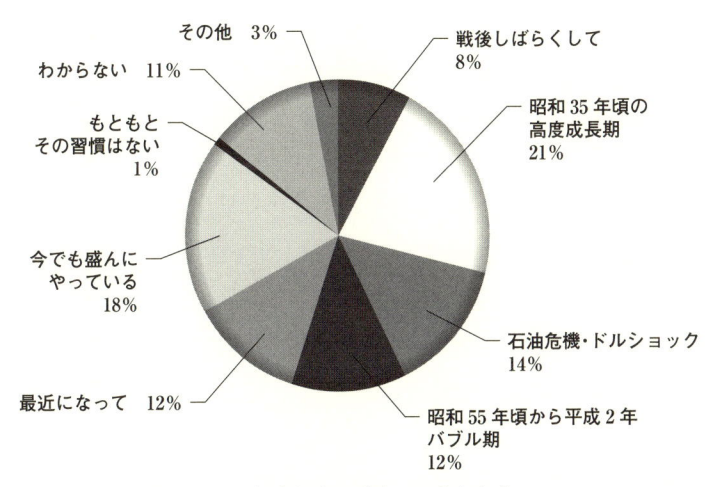

図6-1-13　年中行事が減少してきた年代

146　第6章　戦前の家庭の教育力との比較に見る戦後の家庭の教育力

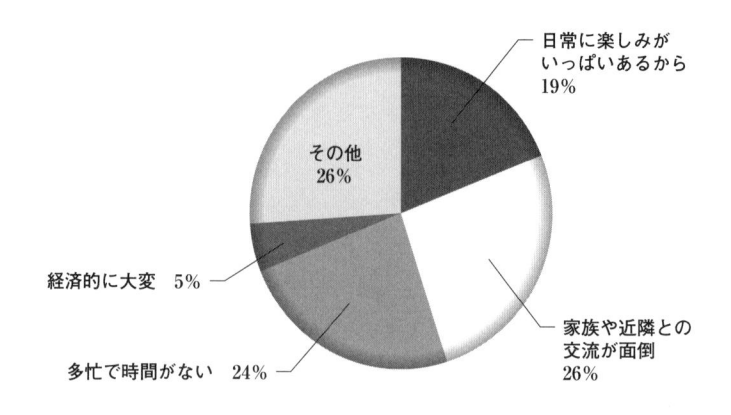

図6-1-14　年中行事の減少した理由

- 日常に楽しみがいっぱいあるから　19%
- 家族や近隣との交流が面倒　26%
- 多忙で時間がない　24%
- 経済的に大変　5%
- その他　26%

　また、表6-1-15は年長者が感じている地域と家庭の連携に関する普段の家庭生活の中で「変わった（希薄・衰退した）と思えるエピソード」である。そして表6-1-16は、年長者が感じている普段の地域と家庭の連携の中での「若い大人（40歳以下）」に対する不満のエピソードである。ここから読み取れることは、地域間（近隣同士）のコミュニケーションを重要視しなくなったということで、地域とは距離を置く家族中心の行動原理が浮き彫りになる。また、若者への苦言の内容の中心は「自己中心的な生き方」や、地域・社会ルールの遵守や地域行事への最低限の参加・協力、相互扶助をしないという「公共性への無関心」で、このことも地域と家庭の連携の衰退の遠因になっていると考えられる。

表6-1-15　地域と家庭の連携に関連する具体的な家庭生活の変化の内容
（希薄・衰退していると思える内容を抽出。同内容のものは掲載せず）

- ・社会や地域のためにという意識がうすれてきたこと。
- ・子どもが地域行事に参加することが減った。

- 近隣同士の交流の減少。
- 三度の食事の時に家族全員が揃うことが少なくなってきた。
- 50才以上の人でもあまりにも常識の無い人が増えたこと。
- 一人一人の部屋が与えられ、明るい部屋が与えられ、風呂もボタン一つでいつでも入ることができ、携帯電話も全員持つようになった。しかし、家族間の会話は少なくなったように思える。
- 自分本位に物事を考えるようになった。
- 親子関係、上下関係。
- 親の考えていることと、子どもの考えていることの相違。
- 女性が仕事に就き、生活は楽になり、喜ばしいが、子どもとのコミュニケーションが欠けるようになったのでは。
- 昔は勉強より仕事(家事等も含む)が大切だと親に言われたのに、今は逆転している。
- 道徳を教えなくなったこと（今はむずかしい勉強ばかり教えている）。
- お金さえ出せば何でも物が手にはいるようになった。最近では挨拶もいらない、物を言わなくてもすむコンビニが24時間営業している（風紀上よくない）。
- 便利になったのは良いが、そのおかげで人との交流等が変わってしまった。
- 先祖や親を大切にする心が少なくなった。
- 昔は収入に応じて生活して、それに抵抗感もなかったが、現在では分不相応な生活をして、苦しい苦しいと言っている点が変わった。
- コンビニができて24時間営業している。お金を出せばある程度の物は何でも手に入るという考え。
- 物に満たされ感謝の気持ちが薄くなった。
- 親子間の会話が非常に少なくなった。
- 何をするにも人の辛抱が足らなくなった。
- 家族間の対話が減ったこと。
- 農業で生活ができなくなったこと。
- ゲーム機の普及で子どもの生活が変わった。

表 6-1-16　若い人（40歳ぐらいまで）の理解できない、我慢ならないこと
　　　　　（要約、同内容のものは掲載せず）

- 大切な近所付き合いをしない。
- 挨拶ができない。
- 地面に座っている若者が理解できない。
- パソコン、携帯電話をやりすぎ。
- 何でも物を粗末にする。
- 将来のことを考えない。

- とにかく、考え方が理解できない。
- 自由をはきちがえている。権利は主張するが、責任を社会にすぐ転嫁。
- 話し合うことを避ける。
- お互いに助け合わない。
- 子どもに対する躾があまい。物の善悪に無関心。
- 他人への思いやりがない。
- 子どもを叱らない、躾が不十分。
- 公共の中でのマナーの悪さ（人への迷惑をかえりみない）。
- 働かず遊ぶ人が多い。不勉強。年寄りに言葉をかけてくれない。
- とにかく、辛抱がたりない。
- 命の尊さを知らない人が多い。
- 「けじめ」と「思いやり」の欠如（若い人だけに限ったことではないが）。
- 自己中心、自分勝手、自己本位。
- 挨拶と礼儀を重んじる人が少なくなった気がする。
- 恥ずかしくないんだろうかと思える行為をしばしば目にする。
- 義理・人情がうすれた。
- 恥じらいという感覚がなくなっている。
- 日本語の乱れ。
- 育った時代が違うが、思いやりの心が無いように思える。
- 親子共に公共道徳心に欠ける。
- 我がもの顔の人が多くなった。
- 公共の場でのマナー、電車の中でのマナーがひどい(携帯、飲食、大きな声で話す)。
- 子ども（20才まで）の管理がなっていない。
- 少子化の影響で子どもに甘すぎる。
- 子どもの躾がなっていない、お金を持たせれば良いと思っている。
- もちろん、たくさんいいところもあるが、あえていうなら、協調性の欠如。また協力の精神や思いやり。感謝の気持ち。将来の日本を心配する。教育の重要性をあらためて感じる。
- 一般的な交際（親族や近所等）を避けるところが気になる。
- 奉仕の精神の欠如。
- 行動力がない。
- 利己主義。責任感の欠如。
- 生活に対する貪欲さがない。

(5) 地域と家庭の連携の今後の課題

表6-1-17は、2006年に実施した、直接子ども達のために行事を行なったり、子ども達の親とのコミュニケーションに普段から腐心している社会教育に関わる地域リーダーの方からの「地域と家庭の連携に関する今後の課題」ということでの意見（エピソード）をまとめたものである[10]。集約すると「僕らの世代（70歳代）がダウンすれば大昔から伝わってきたことが全て無になる」や「地域を盛りたててくれる30～40才の後継者作りの難しさ」といった意見に代表されるように「次世代の地域リーダーの不在」や「同世代間（現役子育て世代）の関係の希薄さ」になる。このような状況から、地域と家庭の連携を考える時、まずは次世代の40代から60代の地域リーダーの育成や、三世代がスムーズにまとまれる行事や場の確保が急務であるといえるだろう。

表6-1-17　地域と家庭の連携に関する今後の課題

- 何とかここまで世代間のコミュニケーションがはかれてきたが、この先は不透明。
- 年中行事などを通じて何とか世代間の交流が維持されることを望む。
- マンション等の集合住宅が建設されていないこと（外部からの転居者が少ないという意味）が、地域の凝集性を何とか保っている。
- 外部からの移住された人とのコミュニケーションをどうはかるか。今のところは何とかコミュニケーションはとれている。ただ、自治会には入らない人もいる。
- 地域を盛り立ててくれる30～40才の後継者作りの難しさ。若い方と根本的に生活形態が違うので、なかなか時間の接点がない。
- 子どもとの関係は地域行事等を通じてはかれている。
- 僕らの世代（70歳代）がダウンすれば大昔から伝わってきたことが全て無になる。
- 何といっても、我々の代は、体で覚えていたので。何とか次世代に伝えたいのだが。
- とにかく勤め人が多くなったため、朝9時から夜6時までは地域にいないわけだから地域のことがよくわからなくなったし、お互いに疎遠になる。
- 三世代がいかにスムーズにまとまれる場をつくれるかが今後の課題。子どもの顔は分かっても親の顔が分からないのが現状。
- 若い方から、近年、あまりにも地域行事への参加が多いとのことでもう少し自由な時間が欲しいとの声も出ている（しかし参加すればそれなりに楽しいという感想もある）。

※この研究は平成18年度大阪商業大学研究奨励助成費を受けて行ったものである。

第2節　戦前との比較にみる家庭の教育力の今日的課題

第2章から第6章の各種調査結果を基本に、戦前と戦後の家庭の教育力の比較と、今後の家庭の教育力の充実についての一方途を考察する。

(1)　戦前と戦後の家庭・地域・一家団欒の比較：家族水入らずの一家団欒の充実と地域からの離脱

戦前と戦後の家庭の教育力を一家団欒の営みという視点からまとめたものが表6-2-1である。

結果としては、多くの先行研究で指摘されてきたように、戦後の地域からの家庭支援の衰退が一目瞭然のものになる。

戦前の家庭の教育力が充実した第一の要因は、地域・近隣集団の後押しが土台にあったということで、このことは両者を良好に繋ぐモジュール、装置が社会の中に自然な形で組み込まれていたということを意味する。当時で言えば、年中行事や通過儀礼、そして年齢階梯組織などがこれになる。いずれにせよ、家庭での人間形成機能が欠如していても、地域や近隣集団が相当程度肩代わり、支援できる仕組みが自然と用意されていた。

一方戦後は、一家団欒については日常的に営為されるようになり、この史的変容は家庭の教育力の多大な充実を意味し、これの持つ人間形成上の影響力ははかりしれない。ただ、皮肉なことに、この一家団欒は明治期後半に都市部の一部の新中間層が目指した、家族の独自性が強い、地域からの束縛の少ない家族水入らずの一家団欒である。したがって、これらの充実は地域集団との疎遠や離脱を加速させ、かつては自然な形態で地域と家庭で育まれていた「公共性：地域・社会ルールの遵守や地域行事への最低限の参加・協力、相互扶助の精神」の育成や、「しつけ」についていえば地域からのサポートをむずかしくした。家庭においても、各家庭の取り組み次第になり、これらの課題について親が無関心な場合、戦前に比べ非常に不安定で弱いものになった。戦後の親の教育的関心事は何といっても知的学習のサポートにあり、山村賢明が言うように家庭

表 6-2-1　戦前と戦後の家庭・地域・一家団欒の比較

年代	教育の領域	教育場面・形態等	教育内容
戦前	家　庭 ※家庭と地域の垣根は低くオープン	一家団欒	日常的には団欒の頻度は低かったが年中行事の時など、近隣の人も交え密度の高い交流があった。
		しつけ	家族からの「しつけ」というより、地域を交えてのしつけ。ただし、手伝い・準家事労働の中では厳しく、うるさく、注意されていた。
		その他の場面・特記事項	日常的に、両親の一生懸命働く後ろ姿を見ることにより親の強い愛情を感じた。
	地　域	・年中行事 ・通過儀礼 ・年齢階梯組織	年中行事などを通じて、地域の子どもに強く関わり、その延長に、厳しい教育的関わり（公共性の育成）・しつけも日常的に営為されていた。
戦後	家　庭 ※家庭と地域の垣根は高く閉じている	一家団欒	日常的に多くの個々の家庭で営まれている。
		しつけ	公共性等の「しつけ」は両親の意識、心がけ次第。それよりも知的教育への関心が強い。
		その他の場面・特記事項	職住分離が進み親の労働場面は見ない。手伝い事は激減。
	地　域	子ども会、地域のスポーツ少年団等	・異世代間の交流が難しく、非組織的な子どもへの教育的かかわり、しつけは難しい。 ・近年は生涯学習（社会教育）、学校絡みの組織的かかわりは出てきた。

はまさしく学校の知的教育の下請けと化している[11]。つまり、戦後の地域・家庭には、時には厳しさを持って、公共性や社会性といった部分での教育的かかわりを担う人的エージェント、空間（地域行事）が年々減少しているということである。さらに深刻なことは、そのような地域からのサポートが無いなかで、少数ではあるが「一家団欒」を体験していない子ども達が存在するということで、パーソンズの言葉を借りれば「安定化（stabilization）」といった家庭の持つ最も重要な心的安定機能が欠落している家庭が存在するということである。

(2) 今後の家庭の教育力の充実についての一私見

① 学校組織からの積極的な地域支援の必要性

　以上、戦前の家庭教育と戦後の家庭教育の比較考察から、今日的な家庭教育の課題は良い意味での「公共性」の形成と、一家団欒の無い子ども達の「心的安定」をいかにサポートするかということに集約される。まず、「公共性」について言えば、地域と家庭の連携の難しさ及び、異世代間のコミュニケーション不全の今日的状況を認識しつつも、やはり、地域・近隣集団からのかかわりにその方途を見出すのが適当ではないかと考える。それは公共性といった社会ルールの育成は学校といった擬似的社会ではない、現実の生活実践のなかで習得しやすいと考えるからである。ただ、そうはいうものの、地域からの子ども支援の危機的状況をみると、地域の「善意」だけで維持していくのではなく、何らかの制度的介入も必要な時期にきているのではないか。例えば、民間の地域リーダーをサポートし、放課後指導も含めた地域専従の学校教員（学校に配置されその学区を職域とする）の配置といった施策である。なぜ「学校」組織からの関与かといえば、本来は社会教育・生涯学習局関連からのアプローチになるであろうが、学区と地域の子ども達の密接な結びつきを鑑みると、学校を拠点とした活動が最も機能的で、情報の共有という面でも効率が高いと考えるからである。また行政の壁を緩和し学童保育やPTA支援も視野に入れたものが理想になる。スタッフは学校組織からの支援になるが、アプローチの拠点や枠組みはどこまでも「地域」からのものを想定する。もしこのような支援体制が可能になれば、かつて充実していた地域からの家庭支援が相当程度改善されるものと考える。

　いずれにせよ、地域の篤志家の善意も限界で、日々地域に張りつき、親同士や異世代間の交流を助長・支援し、放課後の「公共性」の指導や生活全般の目配り心配りのできる公的な地域専従のコーディネーターの配置も一方途と考える。

② 一家団欒と家庭の教育力、家族の回復

　ただ、もう一つの問題である、一家団欒と密接に関係する家庭の「心的安定

機能」の回復は非常に困難な状況にあると考える。パーソンズが家族の機能で最後に残るものとして、成人の心的安定と子どもの社会化をあげたが、逆説的に言えば、この機能については家族・家庭に代わる社会的なエージェントを見つけることは非常に難しいということである。したがって、この課題だけは、全面的に個人（父親及び母親・親族）の努力や資質に委ねざるを得ない。しかし、親世代が非常に強いストレス社会（成果主義や経済・雇用不安）に突入した現状を考えると、一家団欒を恒常的に営為するだけのモチベーションを維持するのは極めて困難な時代であると考える。

　このような現状を鑑みると、まず大人社会の枠組みとして心的安定を保障する福祉的後押しが担保されてはじめて教育の今日的課題が解決されるということである。福祉と教育の連携なくして一家団欒のある家庭といった家庭の教育力の回復は難しい。子を持つ親が身近な場面で（保育所・幼稚園から大学までの全ての教育機関）、普段着感覚で心的支援が受けられる公的制度の構築が必要である。

　また一家団欒は心的安定や教育の可能性を開くといった家庭の教育力の土台だけではなく、家族の絆を深める重要な営みであって、家庭生活においてこの時間、この空間が無いことは、家族の解体を意味することでもある。青井和夫は家族が解体する時はホモ・サピエンスの終焉を意味するとまで述べており[12]、一家団欒を体験しない今日の子どもの存在は、まさに現代の教育問題をはるかに超えた大きな問題になる。

　戦前までの一家団欒の営みから学べることは、当時は地域・隣人も巻き込んだ団欒であって、必ずしも家族水入らずの一家団欒ではなかったということである。このことが意味することは、社会全体で、大人と子どもが強く連鎖する中、慎ましくてもいいから、心かよう楽しい遊興体験がどれだけ大切であるかということを子ども達が体感できる社会を築けるかということであろう。家族だけでの営みではなく、社会全体の営みとして「一家団欒」のエッセンスを何らかの形で創造していくことが、この社会が存続するか解体していくかの分かれ道になるということである。

　生きることの意味や目標がそんなに難しいことではなく、「大人と子ども、そして大人と大人が楽しく集い、食べ、語らい、遊ぶということ」にあるとい

うことを、もう一度社会全体が気づくべき時代にきていると考える。

注

(1) 本章（初出）は「家庭生活の変容と地域の人間形成」『大阪商業大学論集134号』平成16年、39-58頁及び「家庭教育の変容に関する一考察」『大阪商業大学論集第142号』平成18年、51-62頁を基に、加筆訂正を加えて記した。
(2) E. Z. Dager, Socilazation and Personarity Development in the child, *Handbook of Marriage and the Family* in H.T.Chrisstensen（ed）., Rand Mcnally & Company, 1964, p. 751.
(3) 調査の概要は、①調査地の選定、昔からの町並み、集落が残っているが、近年、その周辺地域が都市化（ニュータウンの建設等）された地域を選定した。これは、社会・生活変化を顕著に感じられる地域を意識したもので、戦前戦後を通じて都市化の波がなかった地域や、昔から都市部であった地域はこれにあてはまらない。これらの条件を鑑み以下の市町村の一部地域で調査を実施した。調査地域は岡山県赤坂町、山陽町、大阪府柏原市、京都府精華町、奈良県香芝町でこれらの地域の福祉協議会・老人会、ボランティアセンター等を通じてその土地に幼少の頃から住まいする60才以上の年長者を選定し、自記式の調査用紙を配布して郵送等の方法で回収した。ただし、一部においては報告者の面談を通して直接回収したものもある。調査時期は2003年3月から7月、調査人数は104人、有効回答数は93名（男性53 女性40）。
(4) 日本放送研究会編『日本人の生活時間調査・2000年』日本放送出版協会、2002年、37頁及び、総理府統計局編『国勢調査報告（最終報告書第八巻）』総理府統計局発行、昭和30年、168頁より作成。
(5) 日本放送研究会編『日本人の生活時間調査・2000年』日本放送出版協会、2002年、44頁及び総理府統計局編『労働力調査臨時報告No. 8』総理府統計局発行、1958年、42-43頁より作成。
(6) 日本放送研究会編『日本人の生活時間調査・1990年』日本放送出版協会、2002年、372頁より作成。
(7) 「24時間化社会」の概念としては運輸・交通やマーケットの24時間営業が活発な社会とされている。
(8) 調査の概要及び、この表の詳細（全県での増加度を示したもの）は拙稿「家庭生活の変容と地域の人間形成」『大阪商業大学論集134号』平成16年、52-55頁を参照。
(9) 調査の詳細は拙稿「「一家団欒」の概念および教育的意義に関する一考察」『関西学院大学文学部教育学科年報16号』1990年、22頁を参照のこと。ここでは無記述の者を省いた割合を示した。
(10) この研究は平成18年度大阪商業大学研究奨励助成費を受けて行ったものである。ここでのエピソードの内容は以下の調査方法により実施された結果である。調査時期

は 2006 年 6 月から 2007 年 7 月。各地域予備調査をいれ 3～4 回訪問。調査地域は質鹿児島市内 A 地区、熊本県 B 地区、大分県 F 地区と広島県尾道市の X 地区、計 4 地域。回答者は各地域の公民館の館長や元村会議員、元教育関係者、自治会長等の地域の社会教育関連でリーダー的な存在の方。質問内容は①調査地区の地勢的特徴・変化（密集地なのか非密集地か、戦前からの集落なのか戦後開発された集落なのか、都市部の住宅地、商業地、混在地域なのか農山村地域なのか等）、②地域の産業構造（就労・勤務形態）、③小学校、中学校の状況、④年中行事や地域行事の有無・参加状況（成人、子ども）、⑤地域へのコミットメントを高めるような特別なイベント、文化資本、自然景勝等の有無、⑥子ども会の状況、地域の大人世代と子どもの交流⑦各家庭の生活状況、⑧地域住民の地域へのコミットメント全般について、⑨その他の地域エピソードで、これらについて、半構造面接法によって記録した。面接時間は 2～3 時間。原則 1 対 1 の面談であるが適宜、筆者と複数の情報提供者の面談の場合もあった。
(11) 山村賢明『新教育学大辞典、第 3 巻』第一法規、平成 2 年、456 頁。
(12) 青井和夫『家族とは何か』講談社現代新書、昭和 59 年、198 頁。

参考文献

朝日新聞社編『都道府県ランキングくらしデーターブック』朝日新聞社、2001 年。
木下安司編『2002 年版日本のコンビニ年鑑』株式会社ティービーシー、2001 年。
経済企画庁国民生活局編『家庭機能とその施策の充実の方向に関する調査報告書』大蔵省印刷局、昭和 59 年。
日本教育社会学会編『社会変動と教育（教育社会学研究第 48 集）』東洋館出版、1991 年。
日本放送協会編『日本人の生活時間・1970』日本放送協会、1971 年。
日本放送文化研究所『日本人の生活時間・2000』日本放送出版協会、2002 年。
文部省大蔵官房調査統計局編『教育と情報・特集家族のゆくえ』第一法規出版株式会社、平成 11 年、No. 498（9 月号）。
矢野恒太記念会編『日本のすがた 2003』矢野恒太記念会、2003 年。
矢野峻編『現代社会における地域と教育』東洋館出版社、1981 年。
A. ミッチャーリッヒ著、小見山実訳『父親なき社会』新泉社、1986 年。
T. パーソンズ著、橋爪貞雄・溝口謙三他訳『家族』黎明書房、昭和 56 年。

著者略歴

佐野　茂（さの・しげる）

1957年大阪府生まれ
関西学院大学商学部卒業
関西学院大学大学院文学研究科後期博士課程満期退学（文学修士・教育学）
福岡県立大学大学院修士課程修了（人間社会学心理臨床分野・修士）
梅光女学院大学短期大学部、専任講師・助教授
現在大阪商業大学教授（教職課程・学生相談室・兵庫県スクールカウンセラー・臨床心理士）
専門分野は教育学、教育社会学、コミュニティ心理学：「家庭と人間形成」

著　書　　共編著『教育学基本マニュアル』創言社
　　　　　共　著『教育のアルケーとテロス』福村出版
　　　　　共　著『人間形成のイデア』昭和堂
　　　　　共　著『教育のプシューケーとビオス』福村出版
　　　　　共　著『文学における性と家族』笠間書院、等

一家団欒と家庭の教育力
聞き書き調査にみる戦前・戦後の変容

2010年11月5日初版第一刷発行

著　者　　佐野　茂

発行者　　宮原浩二郎
発行所　　関西学院大学出版会
所在地　　〒662-0891
　　　　　兵庫県西宮市上ケ原一番町1-155
電　話　　0798-53-7002

印　刷　　協和印刷株式会社

©2010 Shigeru Sano
Printed in Japan by Kwansei Gakuin University Press
ISBN 978-4-86283-070-8
乱丁・落丁本はお取り替えいたします。
本書の全部または一部を無断で複写・複製することを禁じます。
http://www.kwansei.ac.jp/press